Morkel — Der politische Sokrates

Arnd Morkel

Der politische Sokrates

Königshausen & Neumann

Bibliografische Information Der Deutschen Bibliothek

Die Deutsche Bibliothek verzeichnet diese Publikation in der Deutschen
Nationalbibliografie; detaillierte bibliografische Daten sind im Internet
über <http://dnb.ddb.de> abrufbar.

© Verlag Königshausen & Neumann GmbH, Würzburg 2006
Gedruckt auf säurefreiem, alterungsbeständigem Papier
Umschlag: Hummel / Lang, Würzburg
Bindung: Buchbinderei Diehl+Co. GmbH, Wiesbaden
Alle Rechte vorbehalten
Dieses Werk, einschließlich aller seiner Teile, ist urheberrechtlich geschützt.
Jede Verwertung außerhalb der engen Grenzen des Urheberrechtsgesetzes ist
ohne Zustimmung des Verlages unzulässig und strafbar. Das gilt insbesondere
für Vervielfältigungen, Übersetzungen, Mikroverfilmungen und die Einspeicherung
und Verarbeitung in elektronischen Systemen.
Printed in Germany
ISBN 3-8260-3342-6
www.koenigshausen-neumann.de
www.buchhandel.de
www.buchkatalog.de

„Dieser häßliche, weise Mann, der keine Rede halten konnte, sondern nur Gespräche führen, der keinerlei System entwerfen, kein großes Werk hervorbringen konnte, sondern sich ständig in den Problemen verfing, bereitete einen Weg vor, der aus all den Versuchen, mit den Problemen der Zeit näher an der Oberfläche fertig zu werden, herausführte. Wo die Andern Einsichten suchten, Gesetze gaben, die politische Ordnung verändern wollten, dies oder jenes taten, um die Welt ganz neu zu deuten: da bereitete sich hier die Erkenntnis vor, daß dies alles zu wenig war, daß man viel grundsätzlicher ansetzen mußte, und allererst lernen zu wissen, daß man nichts wußte."

Christian Meier

„Aber all das hat Sokrates nicht gelehrt und gelebt mit grimmem Fanatismus, nicht mit steifer Pedanterie und nicht mit wichtiger Feierlichkeit, sondern nüchtern und schlicht, überspielt von der heitersten Ironie, in dem Bewußtsein, daß er, dieser irdische Sokrates, nur ein unvollkommener Einzelner sei, daß auch sein Wirken und Wissen nur ein begrenzter Versuch sei, das Gute zu gewinnen, ein begrenzter Versuch, wie das Allgemeine überhaupt nur im Begrenzten erscheint."

Bruno Snell

„... wir haben nie aufgehört, von ihm zu lernen."

Manès Sperber

Für Wilhelm Hennis

Inhalt

Sokrates hält sich aus der Politik heraus 11
Sokrates befaßt sich mit den „menschlichen Dingen" 15
Sokrates erlebt die Katastrophe seiner Heimatstadt 17
Sokrates kritisiert die Ignoranz der Politiker 22
Sokrates will kein Lehrer sein 26
Sokrates will die Bürger „womöglich besser und vernünftiger" machen 30
Sokrates mahnt die Athener, „für sich selbst zu sorgen" 33
Sokrates stellt Fragen 38
Sokrates läßt seine Gesprächspartner ratlos zurück 41
Sokrates ermuntert seine Mitbürger, selbständig zu denken ... 43
Sokrates hält die Athener zur Tugend an 45
Sokrates entwirft keinen Philosophenstaat 53
Sokrates weiß sich der Stadt als „Sporn" beigegeben 56
Sokrates „verdirbt die Jugend" 58
Sokrates „leugnet die Götter" 63
Sokrates kritisiert die Demokratie 70
Sokrates kehrt „das Unterste nach oben" 73
Sokrates provoziert das Gericht 78
Sokrates weigert sich zu fliehen 83
Sokrates befolgt die Gesetze 86
Sokrates rühmt die polis 90
Sokrates unterhält sich über das Leben nach dem Tode 94
Sokrates fürchtet sich nicht vor dem Tod 99

Sokrates vernachlässigt die konkrete Politik 104
Sokrates fordert die Politik auch heute noch heraus 108

Anmerkungen 115
Literaturverzeichnis 120

Sokrates hält sich aus der Politik heraus

Im „Gorgias" läßt Platon Sokrates von sich sagen: „Ich bin kein Politiker" (473e). Gegen Schluß des Dialogs legt er ihm jedoch die Worte in den Mund: „Ich glaube, einer der wenigen, wenn nicht der einzige Athener zu sein, der sich der wahren politischen Kunst (*politiké techné*) befleißigt und das Wohl der polis betreibt" (521d). Wie reimt sich das zusammen? Die vorliegende Schrift versucht, auf diese Frage eine Antwort zu geben.

Sokrates war ein überzeugter Bürger Athens. Obwohl er die Zustände seiner Heimatstadt scharf mißbilligte, hat er nie den Wunsch gehabt, andere Städte kennenzulernen, geschweige denn in ihnen zu leben (Krit. 52b–53a). Seinen bürgerlichen Pflichten kam er gewissenhaft nach. In drei Feldzügen stellte er seine Tapferkeit unter Beweis (apol. 28e, Lach. 181b, 189a, symp. 219e–221c). Auch im zivilen Leben bewies er Mut. Als die Athener 406 v.Chr. in einem gesetzwidrigen Sammelverfahren ihre in der Seeschlacht bei Arginusai siegreichen Strategen zum Tode verurteilten, weil diese wegen eines Sturmes es unterlassen hatten, die Schiffbrüchigen und Gefallenen zu bergen, widersetzte er sich der Verurteilung und geriet in Gefahr, selbst angeklagt zu werden. Als die Tyrannis der „Dreißig" ihn und vier andere Bürger anwies, einen gewissen Leon von der Insel Salamis herbeizuschaffen, um ihn hinzurichten, verweigerte er den Gehorsam (apol. 32b-d).

So loyal er seine Pflichten als Bürger erfüllte: Vom politischen Getriebe hielt er sich fern. Er trat keiner politischen Gruppierung bei, strebte kein politisches Amt an, beteiligte sich an keiner Verschwörung (apol. 36b, 32b). Am auffallendsten: Er, der ständig umherging und mit den Leuten sprach, scheute sich, in der Volksversammlung zu reden (apol. 31c). Was hielt ihn davon ab? Sokrates war gewohnt, im kleinen Kreis zu diskutieren (Krit. 50c) – vor eine Menge zu treten, ihr zu schmeicheln oder sie gar mitzureißen, lag ihm nicht. Bloße Zungendrescherei war ebensowenig seine Sache wie die aufwieglerische, demagogische Suada. Er wollte die Urteilskraft seiner Gesprächspartner stärken, nicht lähmen; er wollte überzeugen, nicht überreden; er wollte zu Erkenntnissen verhelfen, nicht Glauben ohne Wissen erzeugen (Gorg. 454e–455a).

Im „Gorgias" behauptet Sokrates, für das konkrete politische Geschäft habe ihm jegliches Talent gefehlt: Als er einmal im Rat die Stimmen einsammeln sollte, habe er sich so ungeschickt angestellt, daß die Leute ihn ausgelacht hätten (Gorg. 473e). Das mag ihm ein willkommener Vorwand gewesen sein, einer lästigen Verpflichtung zu entgehen – Sokrates war unter anderen auch ein Schlitzohr –, der entscheidende Grund, weshalb er nie versucht hat, in der Politik Fuß zu fassen, war es sicher nicht. Um in der Politik mitreden zu können, muß man das Wohlwollen der Machthaber, einer Seilschaft oder der „Vielen" oder am besten die Gunst aller drei zu gewinnen suchen: Das aber war Sokrates' Stärke nicht.

Nicht, daß er von der Tätigkeit des Politikers grundsätzlich nichts gehalten hätte. Nach Xenophon soll er gesagt haben, von allen Aufgaben des Menschen sei die Leitung des Staates die schönste und größte, und wer in der Lage sei, dem Staat zu dienen, dürfe nicht zögern, dies auch zu tun (Xen.mem. 4,2,2/11, 3,7,2/9). Allerdings hielt er dafür, daß man alles, was man tue, so gut wie möglich tun müsse, und also auch in der Politik nur derjenige mitreden dürfe, der sich das erforderliche Wissen und Können angeeignet habe und das politische Handwerk beherrsche. Zu seinen Maximen gehörte: „Wer nichts in rechter Weise betreibe, der sei zu nichts nütze und auch nicht Gott wohlgefällig" (Xen.mem. 3,9,15). Was die zeitgenössischen Politiker anbelangt, so war er der Ansicht, die meisten von ihnen seien ihrer Aufgabe nicht gewachsen; sie glaubten, zur Politik bedürfe es keiner gründlichen Vorbildung, die entsprechenden Kenntnisse fielen ihnen von selber zu (Xen.mem. 4,2,2/6). Das erklärt, weshalb er, von wenigen Ausnahmen abgesehen, von den führenden athener Politikern nicht viel hielt (Alk.I,118b, Gorg. 517a, 526b). Die Prominentesten schienen ihm beinahe die Armseligsten zu sein (apol. 22a). Sie bildeten sich ein, weise zu sein, seien es aber nicht (apol. 21c); sie behaupteten, den gemeinen Nutzen im Auge zu haben, hätten aber nur ihren eigenen Vorteil im Sinn (Gorg. 502e). Da er mit dieser Meinung nicht hinterm Berg hielt, war es kein Wunder, daß er bei den hohen Herren wenig gelitten, wenn nicht verhaßt war (apol. 21d–e).

Sowenig er die Mächtigen achtete, sowenig schätzte er die „Vielen" (*polloi*). Er fürchtete ihre Anfälligkeit für Stimmungen, ihre Unbeständigkeit und Verführbarkeit. Gewöhnlich handelten sie weder vernünftig noch unvernünftig, sondern entschieden so, wie es sich eben träfe; wen sie heute zum Tode verurteilten, riefen sie morgen am liebsten wieder ins Leben zurück (Krit. 44d, 48c).

Die Furcht vor den Mächtigen und der Menge war berechtigt. Während der knapp ein Jahr dauernden Schreckensherrschaft der Dreißig sollen fünfzehnhundert Menschen umgebracht worden sein, das heißt von den damals ca. dreißigtausend Athener Bürgern jeder zwanzigste. Aber auch in Zeiten, in denen die höchste Macht beim Volke lag und der *demos* selbst über politische und private Rechtsstreitigkeiten entschied, war der Einzelne, mangels einer unabhängigen Gerichtsbarkeit, vor Willkürakten nicht sicher. Unter dem Vorwurf der Gottlosigkeit (*asebeia*) wurden häufig mißliebige Personen – darunter so bekannte wie Aischylos, Anaxagoras, Phidias, Alkibiades, Protagoras und Aspasia – vor Gericht gezogen. Als besonders verdächtig galten Philosophen. Zum einen ihres befremdlichen Tuns wegen – auf die Frage, warum die Leute den Bettlern Almosen spendeten, den Philosophen aber nicht, soll der Kyniker Diogenes geantwortet haben: „Weil sie sich vorstellen können, selbst einmal lahm und blind zu werden, niemals aber zu philosophieren" (Diog.Laert. 6.56) –, sodann aber und vor allem, weil sie in dem Ruf standen, angestammte Grundsätze der Religion, Moral, Erziehung und Politik in Frage zu stellen.[1]

Was Sokrates betrifft, so bekam er schon früh den Spott, das Mißtrauen und die Feindseligkeit der Athener zu spüren.

Wie leicht das eine in das andere umschlagen und aus einer Satire eine Hetzjagd werden kann, dafür sind die „Wolken" des Aristophanes ein anschauliches Beispiel. Das Stück, vierundzwanzig Jahre vor Sokrates Hinrichtung aufgeführt, endet damit, daß Sokrates' Behausung in Brand gesteckt wird und er und seine Schüler bei dem Versuch, ihr Leben zu retten, verprügelt werden – „Schlag zu und hau und schmettre drein! Du weißt, / Zehnfach verdienen sie's, die Atheisten!" Im Rahmen der Dionysisos-Feste ging diese Aufforderung als derber Scherz durch. Fragt sich nur, ob er im Falle des Sokrates folgenlos blieb oder ob Platon mit seinem Verdacht recht hat, Aristophanes sei mitschuldig an der aufgeheizten Stimmung, die schließlich zum Prozeß und zur Verurteilung des Sokrates geführt habe (apol. 18d). Von Lichtenberg stammt, glaube ich, der Satz, es brauche einer nur eine Schießscheibe an eine Haustür zu malen, alsbald fände sich jemand, der darauf schieße.

Wie auch immer, Gründe genug für Sokrates, sich nicht mutwillig ins Rampenlicht der Politik zu begeben, am Ende gar selbst Politiker zu werden. Seine innere Stimme, sein *daimonion*, hat ihn darin bestärkt. „Sehr mit Recht", betont er, „denn wißt nur, ihr Athener, wenn ich schon vor langer Zeit unternommen hätte, Staatsgeschäfte zu betreiben, so wäre ich schon längst umgekommen und hätte weder euch noch mir etwas genutzt" (apol. 31d–e).

Sokrates befaßt sich mit den „menschlichen Dingen"

Auch wenn sich Sokrates der aktiven Politik entzog, bedeutet das nicht, daß er sich von den öffentlichen Angelegenheiten völlig abgewandt und den Rückzug in das Private angetreten hätte. Zwar heißt es einmal in der „Apologie": „Wer für die Gerechtigkeit streiten will, muß ... ein privates Leben führen (*idióteuein*), kein öffentliches" (apol. 32a). Aber das war schwerlich die Meinung des Sokrates – es war die Meinung Platons (rep. 496c–d). Die Maxime vom zurückgezogenen Leben ist alles andere als sokratisch.

Im Gegensatz zu Platon, der der Auffassung war, der wahre Philosoph müsse sich vom Markt fernhalten (Theait. 173c–174a), hat Sokrates sich nicht vornehm abgesondert, einen exklusiven Kreis gebildet oder eine Akademie für ausgewählte Schüler gegründet. Er hat auch kein Leben im Verborgenen geführt, wie es Epikur und andere Philosophen später propagiert haben (Diog.Laert. 10,143). „Stets tat er alles in voller Öffentlichkeit. Am frühen Morgen ging er nach den Säulenhallen und Turnschulen, und wenn der Markt sich füllte, war er dort zu sehen, und auch den Rest des Tages war er immer dort, wo er mit den meisten Menschen zusammensein konnte" (Xen.mem. 1,1,10).

Worüber sprach Sokrates mit den Leuten? Was interessierte ihn? Was war sein Thema? Nach Platon soll er in seiner Jugend Anaxagoras studiert und mit Naturkunde sich beschäftigt haben, um zu erfahren, „wodurch jegliches entsteht und wodurch es vergeht und wodurch es besteht". Oft überlegte er hin und her, „ob, wenn das Warme und Kalte in Fäulnis gerät, wie einige gesagt haben, dann Tiere sich bilden? Und ob es wohl das Blut ist, wodurch wir denken, oder die Luft oder das Feuer?"; ob das Gehirn die Wahrnehmungen des Hörens, Sehens und Riechens hervorbringt und ob daraus Gedächtnis und Vorstellung und zu guter Letzt Erkenntnis entsteht? (Phaid. 96a–b). Von dieser Art der Philosophie, bemerkt Platon, habe er sich jedoch alsbald enttäuscht abgewandt und sogar alles verlernt, was er vorher zu wissen glaubte. Der Sokrates, den wir aus den Schriften von Platon, Xenophon und Aristoteles kennen, befaßt sich jedenfalls nicht mit dergleichen Gegenständen. Niemals hätte er auf die Frage, wozu er auf die Welt gekommen sei, mit Anaxagoras geantwortet: „Um Sonne, Mond und Himmel zu beobachten" (Diog.Laert. 2,10, vgl. ebd. 2,7). „Felder und Bäume", bekennt er, „wollen mich nichts lehren, wohl aber die Menschen in der Stadt" (Phaidr. 230d). Nach Xenophon „unterhielt er sich immer über die menschlichen Dinge und untersuchte, was fromm und was gottlos, was schön und was häßlich, was gerecht und was ungerecht ist ..." (mem. 1,1,16). Cicero hat dies zugespitzt auf die berühmte Formel gebracht, Sokrates habe „als erster die Philosophie vom Himmel herunter gerufen, sie in den Städten angesiedelt, sie sogar in die Häuser hineingeführt, und sie gezwungen, nach dem Leben, den Sitten und dem Guten und Schlechten zu forschen" (Tusc. 5,10).

Zu den „menschlichen Dingen" gehören für Sokrates immer auch die bürgerlichen, die politischen Dinge (apol. 20b); die uns heute geläufige Trennung des Menschen vom Bürger war ihm noch unbekannt. Seine Distanz zur aktiven Politik ist keine Abkehr vom Staat, keine Wendung zum Apolitischen oder gar Antipolitischen; dazu wurzelt er noch zu sehr in der alten *polis*. Seine Sorge gilt in einem Grade dem Gemeinwesen, daß er darüber sogar seine eigenen häuslichen Obliegenheiten vernachlässigt und in Armut lebt (apol. 23b, 31b). Er weiß sich seiner Vaterstadt verpflichtet und fühlt sich aufgerufen, etwas für sie tun: Freilich auf seine Art und mit seinen Mitteln, das heißt, nicht mit den Mitteln des Politikers, sondern mit denen des Philosophen. Als Philosoph glaubt er, seinen Mitbürgern besser dienen zu können als durch Reden in der Versammlung und das Streben nach Ämtern (apol. 36b–c; Xen.mem. 1,6,15). Worin sieht er die Aufgabe der Philosophie in der Politik?

Sokrates erlebt die Katastrophe seiner Heimatstadt

Im Unterschied zu Platon sieht Sokrates seine Aufgabe nicht darin, einen besten Staat zu entwerfen oder nach Art des Aristoteles empirische Studien zu betreiben und eine klassifizierende Ordnung der verschiedenen Verfassungsarten aufzustellen. An konstitutionellen oder institutionellen Problemen ist er nicht interessiert. Zwar soll er, wie Xenophon berichtet, über einzelne Staatsformen gesprochen haben (mem. 4,6,12); einen sicheren Beleg gibt es dafür jedoch nicht. Anders als die Sophisten lehrt er auch nicht, wie man Macht erwirbt und Macht behält. Und schon gar nicht geht es ihm darum, seine Schüler zu „politischen Konjunkturrittern heranzubilden", die das Gemeinwesen ausnützen.[2]

Um was geht es Sokrates? Um die Frage beantworten zu können, müssen wir uns die Epoche vergegenwärtigen, in die Sokrates' Lebenszeit fällt (470/469–399 v.Chr.). Wie jeder bedeutende politische Denker befaßt sich auch Sokrates nicht mit der Politik „überhaupt", sondern gibt eine Antwort auf eine ganz bestimmte historische Herausforderung und ist ohne diese nicht zu verstehen. Worin bestand diese Herausforderung?

Das griechische fünfte Jahrhundert, in das Sokrates hineingeboren wurde, war alles andere als eine ruhige, gemächlich dahinfließende Ära, mit stabilen Verhältnissen und festen Orientierungen, sondern eine Zeit, die, wie der Historiker Christian Meier in seinem bewunderungswürdigen Buch „Athen" schreibt, mit ihren „sich überstürzenden Veränderungen, ihren Entdeckungen und Erfahrungen, ihren Erfolgen, Infragestellungen und Leiden" alle herkömmlichen Horizonte sprengt.[3] Sokrates ist Augenzeuge des stürmischen politischen, militärischen, wirtschaftlichen und kulturellen Aufstiegs seiner Heimatstadt wie ihrer vernichtenden Niederlage. Er erlebt Athens Aufschwung zur „Schule von Hellas" (Thuk. 2,41,1) und die

Höhepunkte der Staatskunst (Perikles), der Geschichtsschreibung (Herodot, Thukydides), der Tragödie und Komödie (Sophokles, Euripides, Aristophanes), der Bildenden Kunst (Phidias, Polyklet), der Architektur (Parthenon), der Medizin (Hippokrates) und der Sophistik (Hippias, Protagoras, Gorgias). (Führt man sich diese Liste vor Augen, ist man immer wieder erstaunt, wie innerhalb weniger Jahrzehnte in einer einzigen Stadt eine solche Fülle einmaliger Werke entstehen konnte – von Werken, die heute „noch so wichtig und präsent sind, als wären sie für uns geschaffen worden"[4] – und man fragt sich, was denn diese Kreativität möglich gemacht habe.) Sokrates erlebt aber auch den Peloponnesischen Krieg (431–404), „bei weitem die gewaltigste Erschütterung für die Hellenen und einen Teil der Barbaren, ja sozusagen unter den Menschen überhaupt" (Thuk. 1,1,2). Er ist dabei, als Zehntausende Athener der Pest zum Opfer fallen, darunter Perikles, und er macht Bekanntschaft mit dem, was aus ihr folgt: der nachlassenden Kraft der staatlichen Satzungen, der Lockerung der sozialen Bindungen, der Verrohung der Sitten: „Da war keine Schranke mehr, nicht Götterfurcht, nicht Menschengesetz" (Thuk. 2,53,4). Er leidet unter der Herrschaft der Demagogen (Alkibiades, Kleon), er erlebt das Desaster der sizilischen Expedition (415–413) und das verheerende Ende des Krieges: Die Felder verwüstet, die Mauern geschleift, die Schiffe ausgeliefert, die Demokratie gestürzt, eine Tyrannis errichtet. Ein Drittel der Bevölkerung war der Seuche erlegen, gefallen, ermordet, verhungert oder geflohen, und viel hätte nicht gefehlt und die überlebenden Männer wären umgebracht, die Frauen und Kinder versklavt und die Tempel und Häuser dem Erdboden gleichgemacht worden.

Wie kam es zu dieser Katastrophe, die heute von manchen Historikern mit dem Ausgang der beiden Weltkriege im zwanzigsten Jahrhundert verglichen wird? Nach Ansicht des Sokrates ist das Unheil weder allein der militärischen Ohnmacht noch der demokratischen Verfassung Athens geschuldet und deshalb auch nicht durch den Bau von „Schiffen, Mauern, Werften" (Gorg. 517c, 519a) oder durch eine Verfassungsänderung zu beheben. In seinen Augen sitzt die Krankheit tiefer. Der Peloponnesische Krieg hat – je länger er dauerte, um so mehr – die Abkehr der Politik von den herkömmlichen sittlichen Bindungen offenkundig gemacht. Der Eigennutz hat das Gemeinwohl verdrängt, die Maßlosigkeit die Besonnenheit abgelöst, die Macht des Stärkeren das Recht erstickt. Mit dem Verfall der Sitten ging der Verderb der Rede einher. Die Worte verloren ihre Eindeutigkeit, die Sprache büßte ihre Fähigkeit als Mittel der Verständigung ein. Niemand wußte mehr verbindlich zu sagen, was gut oder schlecht, gerecht oder ungerecht, schön oder häßlich ist. Was die einen für schön, gerecht und gut hielten, war nach Auffassung der anderen häßlich, ungerecht und schlecht (Euthyph. 7d–e). Sokrates war überzeugt, daß sich auf dieser Basis keine *polis* zusammenhalten läßt: In dieser Situation braucht es nicht viel, und die Bürger bringen sich gegenseitig um (Euthyph. 8a; Alk.I,112a).

Mit dieser Diagnose stand Sokrates nicht allein. Die klassische Beschreibung dieser Zerrüttung, die nicht nur Athen, sondern die ganze hellenische Welt erfaßt hatte, findet sich in der „Geschichte des Peloponnesischen Krieges" von Thukydides, in der sogenannten „Pathologie". Um wenige Sätze, stark gerafft, daraus zu zitieren: „So tobten also Parteikämpfe in allen Städten. Den bislang gültigen Gebrauch der Namen für die Dinge vertauschten sie nach ihrer Willkür: unbedachtes Losstürmen galt nun als Tapferkeit, vordenkendes Zögern als Feigheit, Sittlichkeit als Deckmantel einer ängstlichen Natur, Klugsein als Schlaffheit. Treue untereinander verbürgte ihnen weniger das göttliche Recht als gemeinsam begangenes Unrecht. Die Ursache von allem war die Herrschsucht mit ihrer Habgier und ihrem Ehrgeiz. Die führenden Männer machten das Gemeingut, dem sie angeblich dienten, zu ihrer Beute, und in ihrem Ringen, mit allen Mitteln einander zu überwältigen, vollbrachten sie ohne Scheu die furchtbarsten Dinge und überboten sich dann noch in der Rache; nicht, daß sie sich dafür eine Grenze gesteckt hätten beim Recht oder beim Staatswohl – da war freie Bahn. Weder hüben noch drüben galt Frömmigkeit; man schaffte sich vielmehr einen guten Namen, wenn es gelang, gerade durch den Schönklang eines Wortes eine Tat des Hasses zu vollführen. Und die Mittelschicht der Bürger wurde, weil sie nicht mitkämpfte oder aus Neid, daß sie davonkäme, von beiden Seiten her ausgemordet" (Thuk. 3.82).

Man würde sich täuschen, wollte man in diesen Sätzen die Beschreibung einer vorübergehenden moralischen Krise sehen. Tatsächlich handelt es sich um die Beschreibung eines Zusammenbruchs der geistigen Grundlagen der *polis*: ihrer Ziele, ihrer Maßstäbe, ihrer Normen, ihrer Sprache. Vor dem Hintergrund dieses Zusammenbruchs ist Sokrates' – wie später Platons – politisches Denken zu begreifen. Es ist der Versuch, auf diesen Zusammenbruch eine Antwort zu finden.

Im Gegensatz zu Platon hielt Sokrates den Niedergang Athens nicht für unheilbar. Er dachte sich nicht aus der Wirklichkeit heraus, entwarf keine neue Ordnung, flüchtete sich in keinen Idealstaat. Er blieb der *polis* verpflichtet, in die er hineingeboren wurde und der er als Bürger die Treue versprochen hatte (Krit. 52b–d, 53a). Auf welche Weise wollte er zu ihrer Erneuerung beitragen?

Für Sokrates stand fest: In einer Situation, in der die überkommenen Wertvorstellungen ihre fraglose Gültigkeit verloren haben, die angestammten Sitten nicht mehr selbstverständlich sind, die Sprache manipuliert wird und die Worte ihren festen Sinn verlieren, kommt es nicht zuletzt auf das Denken an. Wir können es uns nicht länger erlauben, daß ein undurchdringbares Netz von bloßen Meinungen sich über die Wirklichkeit legt und diese unauffindbar macht. Wir können nicht länger mit unklaren Begriffen operieren, die alles und jedes und auch ihr Gegenteil bedeuten. Wir können nicht länger auf ungeprüften, nur nachgeplapperten Überzeugungen beharren und im Konfliktfall versuchen, diese den Andersdenkenden mit Gewalt aufzuzwingen. Freilich steht uns auch nicht der Ausweg offen, unser Heil in der künstlichen Wiederbelebung der überlieferten Normen zu suchen, so als gäbe es keinerlei berechtigte Zweifel an ihnen. Wir müssen uns den Zweifeln stellen. Wir müssen von neuem darüber nachdenken, was wahr und was unwahr ist, was gerecht und was ungerecht heißt, was eine *polis* zusammenhält, worin sich gute und schlechte Politik voneinander unterscheiden: Unklares Denken hat fehlerhaftes Handeln zur Folge. Nur verläßliches Denken führt zu verläßlichem Handeln (Alk.I,117d; Men. 97a–c).

Sokrates kritisiert die Ignoranz der Politiker

Sokrates schaut sich unter seinen Zeitgenossen um, wer von ihnen imstande ist, ihm Aufschluß über die für ihn „wichtigsten Dinge" (*megista*) zu geben (apol. 22d). Er geht zu allen, die in dem Ruf stehen, etwas zu wissen (apol. 21c–22d). Zunächst wendet er sich an die Politiker. Sein Urteil: Sie sind unwissend, ohne sich ihrer Unwissenheit bewußt zu sein. Sodann wendet er sich an die Dichter. Auch von ihnen wird er enttäuscht: Sie wissen etwas, aber sie wissen es nicht zu begründen; sie sprechen als „Begeisterte und Besessene" (vgl. Ion 533d–534c). Außerdem kennen sie nicht die Grenzen ihres Wissens, sondern glauben, auf allen Feldern sachkundig zu sein. Schließlich befragt er die Handwerker. Vor ihnen hat er großen Respekt: Sie verstehen ihre Sache nicht nur theoretisch; sie beherrschen sie auch; sie *können*, was sie *wissen*. Aber, so lautet seine Erfahrung, sie machen den gleichen Fehler wie die Dichter: Weil sie ihr Handwerk gründlich gelernt haben, meinen sie, sich überall auszukennen, nicht nur in Dingen, die ihr spezielles Gewerbe betreffen, sondern auch in Fragen der Politik und der Ethik. Diese Torheit setzt ihrer Weisheit Grenzen. Fazit der Befragung: Alle geben vor, etwas zu wissen, aber mit ihrem Wissen ist es nicht weit her. Die meisten wissen nicht einmal, daß sie wenig oder gar nichts wissen. Sie halten ihre Meinungen, Mutmaßungen und Unterstellungen schon für Wissen und merken deshalb gar nicht, wie sehr sie darauf angewiesen sind, ihre Kenntnisse zu überprüfen und sich beraten zu lassen. Sokrates ist sich sicher: „Diese Unwissenheit ist Ursache allen Übels. ... Und wenn sie die wichtigsten Dinge betrifft, dann ist sie am verderblichsten und schändlichsten" (Alk.I,118a).[5]

Der Satz ist nicht zuletzt auf die Politiker gemünzt, reichen doch die Folgen ihrer Unwissenheit am weitesten. Während ein unwissender Arzt nur seinen Patienten schadet, schadet ein unwissender Politiker unter Umständen uns allen.

Worin besteht für Sokrates die Unwissenheit der Politiker? Zwei Berichte geben darüber Aufschluß. Der eine stammt aus den „Memorabilien" von Xenophon, der andere aus dem sogenannten „Alkibiades I", einem in der Antike viel gelesenen Dialog, der in der Akademie als Einführung in die platonische Philosophie verwendet wurde, dessen Echtheit allerdings umstritten ist. Aber selbst wenn er nicht von Platon stammen sollte, gibt er wichtige sokratische und platonische Gedanken wieder.

In Xenophons „Memorabilien" (3,6,1–18) warnt Sokrates den jungen Glaukon, der, noch keine zwanzig Jahre alt, sich anschickt, in der Politik das große Wort zu führen, davor, dies ohne gründliches Wissen zu tun. Im Kreuzverhör stellt er seine Kenntnisse auf die Probe. Auf die wiederholte Frage, was er denn von den Dingen wisse, die in der Volksversammlung zur Beratung anstünden, muß Glaukon von Mal zu Mal kleinlauter bekennen: „Beim Zeus, das habe ich noch nicht bedacht". Nachdem Sokrates sich das ein paarmal angehört hat, verliert er die Geduld und wäscht Glaukon den Kopf: „Siehst du nicht ein, wie gefährlich es ist, in Sachen zu reden und zu handeln, die man nicht versteht?" (Xen.mem. 3,6,16). Er ermahnt ihn: „Falls du im Staate Ansehen zu genießen und bewundert zu werden begehrst, dann versuche es dahin zu bringen, daß du besonders viel von dem verstehst, was du durchführen willst" (Xen. mem. 3,6,18).

Ein ähnliches Verhör schildert Platon im „Alkibiades I". Dieses Mal geht es um den jungen Alkibiades, einen Neffen des Perikles. Auch er drängt in die Politik, ohne zuvor das entsprechende Rüstzeug erworben zu haben. Sokrates, der immer alles genau wissen will, horcht ihn nach seinen politischen Kenntnissen und Vorstellungen aus. Nach einer eindringlichen Befragung kommt er zu dem Ergebnis: „Du läufst nach der Politik, ehe du unterrichtet bist". Allerdings, so fährt er fort, bist du kein Einzelfall: „Nicht du allein befindest dich in diesem Zustand, sondern die meisten von denen, welche die Angelegenheiten dieser Stadt besorgen" (Alk.I,118b).

Zwischen dem Nichtwissen des Alkibiades und dem des Glaukon gibt es zwei Unterschiede. Einmal erweist sich Alkibiades' Ignoranz als weit hartnäckiger als die des Glaukon. Während der Dummkopf Glaukon leicht davon zu überzeugen ist, daß er von den Dingen, über die er die Athener belehren möchte, nichts versteht, ist der borniert Alkibiades nur schwer zur Einsicht zu bringen. Er ist der festen Meinung, hinlänglich Bescheid zu wissen und man hat nicht den Eindruck, daß Sokrates' Bemühungen, ihn nachdenklich zu machen, auf die Dauer viel fruchten. Da ihm die Einsicht in sein Nichtwissen abgeht, ist er von sich aus auch nicht begierig, dem abzuhelfen. Zwar verspricht er es Sokrates. Aber der kennt ihn gut genug. ‚Ich wollte, du würdest es tun', bemerkt er denn auch zu ihm, ‚aber ich glaube nicht recht daran' (Alk.I,135e).

Ein zweiter Unterschied besteht in der Art des Wissens: Während es Glaukon, modern gesprochen, an Sachwissen, will sagen an Sachverstand fehlt, mangelt es Alkibiades an Orientierungswissen, genauer: an ethischem Wissen. Glaukon weiß nicht, über welche Einkünfte die Stadt verfügt; wie ihre Einnahmen sich steigern und ihre Ausgaben sich drosseln lassen; warum die Silberbergwerke früher mehr Ertrag abgeworfen haben als heute; wie es um die eigene und um die gegnerische militärische Stärke bestellt ist; wie lange die Getreidevorräte ausreichen, um die Bevölkerung im Kriegsfalle zu ernähren und dergleichen mehr (Xen.mem. 3,6,4–13). Alkibiades hingegen fehlen die Maßstäbe, an denen gute und schlechte Politik gemessen werden: Er hat nicht gelernt, danach zu fragen, worin der Zweck der Politik besteht; er kennt nicht den Unterschied zwischen gerechter und ungerechter Politik; er weiß nicht, ob es in der Politik nur auf Nutzen oder auch auf Gerechtigkeit ankommt (Alk.I,109d, 117a, 134c).

Was ist für einen Politiker wichtiger: Sachverstand oder Orientierungswissen? Für Sokrates steht fest: Ein Politiker muß über beides verfügen. Sachverstand braucht er, weil alle politischen Entscheidungen mit Sachfragen verbunden sind. Auf Orientierungswissen ist er angewiesen, weil jede Politik auf bestimmten Werten beruht, die zwar mit Sachverstand definiert werden sollen, nicht aber dem Sachverstand entspringen. Der gleiche Sachverhalt kann im Hinblick auf verschiedene Werte, Maßstäbe und Ziele ausgelegt werden; welcher Wert, welcher Maßstab, welches Ziel gelten soll, ist aus den Sachen allein nicht zu entnehmen.

Um welche Art von Wissen geht es bei den sokratischen Unterredungen hauptsächlich: um Sachwissen, um Orientierungswissen oder um beides? Was die Sachfragen betrifft, so dürfte sich Sokrates in den meisten Fällen für nicht zuständig erklärt haben. Er war kein Experte, weder für militärische Strategie noch für Schiffsbau noch für Finanzen oder irgend ein anderes politisch relevantes Gebiet. Was jedoch nicht heißt, daß er solche Fragen für nebensächlich gehalten hätte. Im „Gorgias" hält er ausdrücklich fest: Bevor jemand beabsichtige, in politischen Angelegenheiten mitzureden, müsse er sich vergewissern, ob er von den Sachen, die zur Verhandlung stünden, auch etwas verstehe (Gorg. 514a–c). Aber Sachfragen – man könnte auch sagen: wissenschaftliche Fragen – waren nicht Sokrates' eigentliches Metier. Sokrates war Philosoph, und zwar einer, der sich vornehmlich mit Orientierungsfragen, sprich: mit moralischen Fragen befaßte.

Sokrates will kein Lehrer sein

Was lehrte Sokrates? Geht man der Frage nach, stößt man auf eine Schwierigkeit: Kann man bei einem Manne, der von sich selbst sagt, er stelle nur Fragen, gebe aber keine Antworten (rep. 337a), überhaupt von einer Lehre sprechen? Hannah Arendt urteilt lapidar: Sokrates war „Stechfliege, Hebamme und Zitterrochen, (aber) kein Philosoph, (denn) er lehrt nichts und hat nichts zu lehren".[6] Demgegenüber ließe sich einwenden, daß Sokrates eine Reihe von Grunderfahrungen und Grundüberzeugungen besaß, die er weitergeben wollte, zum Exempel: Versprechen müssen eingehalten werden (Krit. 49e, 52d); wer Unrecht tut, muß Strafe leiden (Euthyph. 8e); Unrecht darf nicht mit Unrecht vergolten werden (Krit. 49b, 54c); Unrechttun ist schlimmer als Unrechtleiden (Krit. 48d); es ist besser, den Tod zu erleiden als ein Leben in Schande zu führen (apol. 28d); es kommt nicht darauf an, daß man überlebt, sondern daß man gerecht lebt (Krit. 48b) oder: wenn du die Geschäfte der Stadt recht und schön verwalten willst, mußt du den Bürgern Tugend vermitteln (Alk.I,134b–c). In solchen Grundsätzen könnte man Sokrates' Lehre sehen. Es sind simple, fast möchte man sagen: banale Lebensweisheiten. Aber wir sollten uns hüten, sie für irrelevant zu halten. Wahrheiten, auf die es im Leben (und in der Politik) ankommt, sind immer einfache, wenn auch schwer zu verwirklichende Wahrheiten. Eine geschlossene Lehre, eine Theorie, wie wir sie von der Philosophie her kennen, wird man freilich aus ihnen nicht ableiten können, sowenig wie man aus ihnen ein System entwickeln kann. Wie Hegel schreibt, schreitet die sokratische Philosophie „nicht zu einem Systeme" fort.[7] Das gerade macht ihre singuläre Stellung innerhalb der Geschichte des politischen Denkens aus. Wäre politische Philosophie ausschließlich Lehre im Sinne der großen Theoretiker und Systematiker von Platon bis Max Weber, wäre Sokrates kein politischer Denker. Die meisten Politischen Ideengeschichten behandeln Sokrates, wenn überhaupt, auch nur am Rande.[8]

Wenn Sokrates keine Lehre im gewohnten Sinne des Wortes verbreitete, können wir ihn dann als Lehrer bezeichnen? Er selbst wehrt sich gegen diese Bezeichnung. „Eigentlich bin ich nie irgend jemandes Lehrer gewesen" (apol. 33a; vgl. Xen. mem. 1,2,3). Bezeichnenderweise spricht er auch nicht von „Schülern". Wenn er umherging und die Leute in ein Gespräch zu verwickeln suchte, habe er nichts dagegen gehabt, wenn jemand Lust hatte, sich dazuzugesellen und zuzuhören. Aber regelrechten Unterricht habe er nie jemandem erteilt (apol. 33a–b). In der Tat: Ein normaler Lehrer war er nicht gewesen. Plutarch schildert anschaulich die Art und Weise, wie er in der Öffentlichkeit sein Amt ausübte. „Sokrates trieb Philosophie ohne Bänke aufzustellen, ohne sich auf einem Katheter niederzulassen, ohne eine bestimmte Zeit anzusetzen für den Unterricht und für das Hin- und Herspazieren mit seinen Bekannten ... . Er war der erste, der zeigte, daß das Leben zu jeder Zeit, in jedem Abschnitt, in jeder Erregung und Tätigkeit der Seele ... für die Philosophie empfänglich sei".[9] Dennoch mutet Sokrates' Aversion, ein Lehrer genannt zu werden, seltsam an. Schließlich wollte er seinen Gesprächspartnern doch etwas beibringen, er wollte sie belehren, ja, sprechen wir es ruhig aus. er wollte sie erziehen. Warum wehrt er sich dann so heftig gegen den Ruf, ein Lehrer zu sein? Eine Rolle mag die Scheu gespielt haben, „den andern zu schulmeistern, ihm auch nur durch eine belehrende Geste lästig zu fallen" – eine Scheu, die nach Richard Harder „dem Griechen im Blut (steckt) und nicht das geringste Stück der hellenischen Urbanität" ausmacht.[10] Der Hauptgrund dürfte aber ein anderer gewesen sein: Er wollte, vermute ich, nicht mit den sophistischen Lehrern verwechselt werden, die in der zweiten Hälfte des fünften Jahrhunderts überall in Griechenland auftraten und das Bild des Lehrers weithin bestimmten.

In den Augen des Sokrates war der sophistische Lehrer ein Verkäufer, der Schüler ein Käufer, das zu vermittelnde Wissen und Können eine Ware (apol. 19e–20b, Prot. 313c–e, Soph. 223b). Der sophistische Lehrer, erklärt er, mache sich gegen Bezahlung anheischig, Wissen wie Tugend „einem jeden aufs beste und schnellste mitteilen zu können" (Euthyd. 273d); es brauche jemand nur das nötige Geld für den Unterricht aufzubringen und schon schreite er von Tag zu Tag „zum Besseren" fort (Prot. 318a). Inwieweit dieses pauschale Urteil gerechtfertigt ist, braucht hier nicht entschieden zu werden. Sicher ist, daß die Sophistik keine einheitliche Lehre darstellt und sich deshalb auch nicht über einen Kamm scheren läßt. Sokrates, der, wie später Platon, ein erbitterter Gegner der Sophistik war, greift sich die seinem Dafürhalten nach besonders bedenklichen Auffassungen heraus und spitzt sie zu. Das so gewonnene Bild (oder Zerrbild) der sophistischen Pädagogik erlaubt ihm, im Kontrast dazu seine eigene Vorstellung von Erziehung um so deutlicher herauszuarbeiten.

Was unterscheidet Sokrates' Vorstellung von der „sophistischen" Pädagogik? Namentlich drei Unterschiede fallen auf. Einmal geht Sokrates jeder Wissensdünkel ab. Er tritt nicht wie ein Sophist als Wissender auf. Zu Alkibiades bemerkt er: „Ich sage nicht, daß du dich bilden mußt und ich nicht. Denn ich bin um nichts besser als du" (Alk.I,124c). Das einzige, was er seinen Gesprächspartnern voraus hat, ist, daß er weiß, wie wenig er weiß und wie sehr er des Wissens bedarf. Vor Gericht schildert er, wie ihm nach einer Diskussion gewöhnlich zumute sei: ‚Im Fortgehen denke ich bei mir selbst, ich sei meinem Gesprächspartner an Wissen doch überlegen. Zwar scheint keiner von uns beiden etwas Rechtes und Ordentliches zu wissen, aber während jener meint, etwas zu wissen, in Wirklichkeit aber gar nichts weiß, bin ich mir meiner Unkenntnis bewußt. So gesehen scheine ich also um ein Weniges weiser zu sein als jener, weil ich das, was ich nicht weiß, auch nicht glaube zu wissen' (apol. 21d).

Zweitens glaubt Sokrates, anders als die Sophisten, nicht daran, daß sich das Wissen in lehrbuchartige Sätze gießen und „in einem Gefäß davontragen" läßt (Prot. 314b). Lehren ist für ihn kein Prozeß, bei dem Wissen vom Lehrer in den Schüler strömt, so wie Wasser durch einen Wollfaden aus einem vollen in einen leeren Becher fließt (symp. 175d). Zum wirklichen Wissen gehört, daß der Schüler „die Erkenntnis aus sich selbst hervorholt" (Men. 85d) und sie sich zu eigen macht, anders ausgedrückt, daß er das Gelernte begründen kann, seine Bedeutung versteht, seine Grenzen kennt. Wer Informationen nur passiv hinnimmt und nachbetet, ist für wirkliche Erkenntnis verloren.

Drittens teilt Sokrates nicht den Erziehungsoptimismus der Sophisten (apol. 20b–c). Selbstverständlich weiß auch er, daß keine Pädagogik ohne den Glauben auskommt, „daß die Natur des Menschen in der Regel erziehbar und zum Guten befähigt sei".[11] Aber das verführt ihn nicht zu dem Irrglauben, mangelndes Wissen und fehlende Tugend ließen sich durch Einbleuen und Pauken beheben. Sicher gibt es vieles, das sich, Begabung und Fleiß vorausgesetzt, auf diese Weise lernen läßt. Aber mit dem bloßen Lernen ist es nicht getan. Erziehung ist nur dann erfolgreich, wenn sie den Lernenden innerlich verwandelt. Anders ausgedrückt: Erziehung setzt Selbsterziehung voraus. Ohne Selbsterziehung bleibt die beste Erziehung erfolglos oder pervertiert zur bloßen Abrichtung. Ob es freilich zur Selbsterziehung kommt, liegt nicht in der Macht des Lehrers. Sinngemäß sagt Sokrates in der „Apologie": Reichen wie Armen ist es erlaubt, mich zu fragen. Ob sie dadurch aber besser und tüchtiger werden, dafür kann ich nicht die Hand ins Feuer legen, ich habe dies auch nie jemandem versprochen (apol. 33b). Ein Lehrer kann nur Hilfe zur Selbsthilfe leisten, indem er versucht, den Sinn des Schülers für das, worauf es im Leben ankommt, zu wecken und zu fördern. Seine Kunst ist eine Hebammenkunst (*maieutiké*). Sie leistet der Erkenntnis Geburtshilfe, erzeugt sie aber nicht (Theait. 150c).

Sokrates will die Bürger „womöglich besser und vernünftiger" machen

Wie verstand Sokrates seine Aufgabe als „Geburtshelfer"? Er schrieb keine Bücher, wie es die Philosophen gewöhnlich tun. Bücher, erklärte er, wissen „weder zu antworten noch selbst zu fragen" (Prot. 329a; vgl. Phaidr. 275c–d). Auf das Fragen und Antworten kam es ihm aber gerade an. Wahrheit – dies ist eine seiner Grundüberzeugungen – finden wir nur im Gespräch. Nur durch „gemeinsame Beratung" (Alk.I,124b), nur „nach gemeinsamer Bemühung um die Sache" kommen wir den Dingen auf den Grund (ep. 7,341c).

Worum ging es ihm in seinen Gesprächen? Nicht um *small-talk*. Sokrates redete „nicht in den Tag hinein", sondern hatte immer „etwas Bestimmtes vor Augen" (Gorg. 503d). Was dieses Bestimmte ist, sagt er in der „Apologie". Hier nämlich legt Platon dem Sokrates das Bekenntnis in den Mund, es sei stets sein höchstes Ziel gewesen, dazu beizutragen, daß die Menschen „womöglich immer besser und vernünftiger" würden" (apol. 36c). Die Formulierung erinnert an eine Wendung im „Gorgias". Dort heißt es von den Staatsmännern, ihre wichtigste Aufgabe bestehe darin, „die Bürger soviel wie möglich besser zu machen" (Gorg. 513e, ähnl. 502e, 515a/c, 517b, 521a). Allerdings, so fährt er fort, versagten die meisten Staatsmänner, vor allem die zeitgenössischen, vor dieser Aufgabe (Gorg. 517a–c). Statt an die Tugenden der Bürger – ihren Gerechtigkeits- und ihren Gemeinsinn – zu appellieren, förderten sie ihre Selbstsucht, stachelten ihre Begehrlichkeiten an und gingen ihnen um den Bart (Gorg. 464c–e, 502e–503a, 521a–b).[12] Wenn man Platons Bericht (apol. 36c) glauben darf, dann scheint Sokrates das, was eigentlich die Aufgabe der Politiker ist, von diesen aber nicht mehr geleistet wird, nun als seine Aufgabe zu verstehen, nämlich darauf hinzuwirken, daß die Bürger nach Möglichkeit „besser" werden. So gesehen bekommt auch seine anfangs dieses Essays zitierte Bemerkung einen Sinn, er sei einer der wenigen, wenn nicht der einzige Athener, der sich heutzutage noch „der wahren politischen Kunst befleißige und das Wohl der *polis* betreibe" (Gorg. 521d).

„Die Bürger soviel wie möglich besser machen": Das Vorhaben riecht nach Erziehungsdiktatur, nach Tugendterror. Aber man höre genau hin, was Sokrates sagt. Er sagt nicht, die Politiker sollten die Bürger *gut* machen; er fordert vielmehr, sie sollten sie *besser*, und zwar *soviel wie möglich* besser machen. Das Ziel ist gewiß der gute Bürger, aber so, wie wir Menschen nun einmal beschaffen sind, ist dieses Ziel nur annähernd zu erreichen. Es wäre schon viel erreicht, wenn es gelänge, daß wir uns *etwas* weniger schlecht, *etwas* weniger ungerecht, *etwas* weniger unvernünftig verhielten. Damit es dazu kommt, bedarf es in erster Linie unserer eigenen Anstrengungen; die Politik kann hier nur unterstützend tätig werden. Vor allem dadurch, daß sie gute Gesetze erläßt, so wie es einst Solon getan hat (rep. 599d–e). Gesetze machen den Bürger zwar nicht tugendhaft, aber sie setzen seinem Egoismus Schranken, dämmen seine Begierden ein, zügeln seine Willkür. Wenn Sokrates es nun als seine Aufgabe ansieht, die Bürger „womöglich besser und vernünftiger" zu machen, dann kann er natürlich keine Gesetze geben und weder gutes Verhalten belohnen noch schlechtes bestrafen. Er kann nur auf die Sprache zurückgreifen und versuchen, die Bürger zu überzeugen oder zu überreden (Gorg. 517b). (Platon verwendet an dieser Stelle das Wort *peithein*, was im Griechischen beides bedeuten kann: überzeugen und überreden.)

An wen wendet er sich? Mit wem spricht er? Da Politisches intendiert war, hätte man erwarten können, daß er sich zuallererst an die politischen Wortführer Athens wenden würde. Das hat er offensichtlich aber nicht getan. Zwar befanden sich unter seinen Gesprächsteilnehmern vorübergehend auch bekannte Politiker wie Alkibiades und Kritias, die vorgaben, von ihm lernen zu wollen (symp. 216a–b; Xen.mem. 1,2,12–16), aber nichts spricht dafür, daß es seine Intention gewesen wäre, die *polis* „von oben" her zu reformieren. Wahrscheinlich war er von den zeitgenössischen Politikern so enttäuscht, daß er nichts mehr von ihnen erhoffte und sich deshalb direkt an die Bürger wandte, die nach griechischem Verständnis die *polis* ausmachen: Athen, das waren „die Athener", Sparta, das waren „die Lakedaimonier". Für jemanden aber, der, wie Sokrates, die *polis* als einen Personenverband versteht, der in hohem Maße von der Tüchtigkeit der Bürger lebt, liegt die Schlußfolgerung nah: Wer die *polis* neu begründen will, muß bei den Bürgern ansetzen. Die Erziehung der Bürger, vor allem der Jugend, ist der Schlüssel zur Reform der *polis* (apol. 24d). Erst wenn die Bürger „besser und vernünftiger" werden, kann die *polis* wieder in Ordnung kommen.

Folgerichtig geht Sokrates auf die Märkte und in die Gymnastikschulen und spricht seine Mitbürger direkt an. Dabei wendet er sich „an jeden einzeln" (*idia hekastó prosienai*) (apol. 31b) und versucht, ihn ins Gespräch zu ziehen. Auf diese Weise durchbricht er die Anonymität des Kollektivs, hinter der sich die Individuen gewöhnlich verstecken. Er löst „die Vielen wieder in Einzelne auf"[13] und erinnert einen jeden von ihnen an seine Verantwortung. Er nimmt Jung und Alt ins Gebet: „Bester Mann, als ein Athener aus der größten und für Weisheit und Macht berühmtesten Stadt, schämst du dich nicht, für Geld zwar zu sorgen, wie du dessen aufs meiste erlangest, und für Ruhm und Ehre, für Einsicht (*phronésis*) aber und Wahrheit (*alétheia*) und für deine Seele (*psyché*), daß sie sich aufs Beste befinde, sorgst du nicht … ? Und wenn jemand unter euch dies leugnet und behauptet, er denke wohl darauf, werde ich ihn nicht gleich loslassen und fortgehen, sondern ihn fragen und prüfen und ausforschen. Und wenn mich dünkt, er besitze keine Tugend (*areté*), behaupte es aber: so werde ich es ihm verweisen, daß er das Wichtigste am geringsten und das Schlechtere höher achtet" (apol. 29d–30a).

Sokrates mahnt die Athener, „für sich selbst zu sorgen"

Reden wie die eben zitierte erwecken den Eindruck einer Bußpredigt. Ihr Tenor ist: Kehrt um, ihr Athener, kümmert euch nicht um Ehre, Ruhm oder euren Geldbeutel, kümmert euch vielmehr um Einsicht, Wahrheit und Tugend und vor allem: Kümmert euch um eure Seele! In die gleiche Richtung zielt die Mahnung wenig später: Bevor ihr für eure Familie oder das Gemeinwesen sorgt, solltet ihr erst einmal „für euch selbst sorgen" (apol. 36c). Wie ein Appell an die Bürger, über ihre Pflichten gegenüber der *polis* nachzudenken, hört sich das nicht an, eher wie eine Aufforderung, sich auf sich selbst zurückzuziehen und das Heil der eigenen Seele vor den politischen Wirren zu retten. Dabei sollte man doch erwarten, daß, wenn es stimmt, daß Sokrates die Sorge um den Zustand seiner Heimatstadt umtreibt, er jede Gelegenheit nutzen würde, mit den Athenern über die Krankheit ihrer *polis* und deren mögliche Gesundung zu diskutieren.

Die „Sorge um die Seele", die „Sorge für sich selbst" (*epimeleisthai eautou*) ist ein Grundgedanke der sokratischen Philosophie (Alk.I,120d–Schluß; Gorg. 501b; Phaid. 64e, 82d, 107c). Die philosophische Bedeutung dieses Gedankens ist oft untersucht worden;[14] in unserem Zusammenhang geht es um die politischen Implikationen. Denn auch für den Politiker ist nach Ansicht des Sokrates die Selbstsorge unerläßlich. Entgegen der Meinung Hegels, der die sokratische Selbstsorge als Abschied von der Politik und Rückzug ins Private deutet – „Sokrates verflüchtigte das Daseiende und floh in sich zurück, um dort das Rechte und Gute zu suchen"[15] –, kann bei Sokrates von Weltflucht keine Rede sein. Die Sorge für sich selbst ist für Sokrates aufs engste mit der Sorge um die *polis* verknüpft. Für sich selbst zu sorgen heißt für ihn nicht, der Politik den Rücken zu kehren, sondern im Gegenteil, sich auf die Politik vorzubereiten.

Die Selbstsorge ist die unerläßliche Voraussetzung der Sorge für die anderen. Erst wenn wir in der richtigen Weise für uns selbst gesorgt haben, sind wir in der Lage, uns der Belange der Allgemeinheit anzunehmen. „Hernach erst, nachdem wir uns so gemeinschaftlich geübt, wollen wir, wenn es uns nötig dünkt, auch der Staatsangelegenheiten uns annehmen, ... wollen wir Rat erteilen, wenn wir erst besser dazu geschickt sind als jetzt" (Gorg. 527d; vgl. Alk.I,133e; symp. 216a; Xen.mem. 4,2,24–27).

Für uns Heutige ist das schwer zu begreifen. Warum soll der Einstieg in die Politik mit der „Sorge für sich selbst" beginnen? Verstehen läßt sich das nur, wenn man sich die Erfahrung bewußt macht, die Sokrates offensichtlich dazu gebracht hat, diese Forderung zu erheben: die Erfahrung, daß die Überlieferung brüchig geworden ist, daß unsere konventionellen Meinungen im allgemeinen wenig taugen und daß wir mit diesen konventionellen Meinungen erst einmal aufräumen müssen, wenn wir vernünftig denken und handeln wollen.

Sokrates' Gespräche enden stets mit dem Eingeständnis, daß wir in Bezug auf das, worauf es ankommt, nichts wissen. Zwar haben wir zu allen einschlägigen Fragen unsere Meinungen, aber wenn wir von Sokrates gezwungen werden, diese Meinungen zu begründen, dann merken wir schnell, daß wir ihrer gar nicht so sicher sein können. Das gilt nicht nur hinsichtlich unserer privaten Lebensentwürfe, das gilt auch und gerade hinsichtlich unserer politischen Entwürfe. Der „Gorgias" endet mit der deprimierenden Feststellung: ‚Unsere geistige Verfassung ist beschämend. Zwar brüsten wir uns, über alles Bescheid zu wissen und etwas zu sein, in Wahrheit aber haben wir auf die wichtigsten Fragen keine Antwort. Solange dieser Zustand andauert, sind wir in der Politik zu nichts nütze' (Gorg. 527b).

Sokrates erörtert diesen Sachverhalt am ausführlichsten in dem bereits erwähnten Dialog „Alkibiades I". Am Beispiel des jungen Alkibiades', der beschlossen hat, in der Politik mitzureden, führt er uns vor Augen, wie wenig wir auf unsere bürgerlichen Pflichten vorbereitet sind. Eindringlich mahnt er uns: Politik ist eine zu ernste Angelegenheit, als daß wir sie mit ungewissen Vorstellungen, unklaren Absichten und ungenügenden Voraussetzungen betreiben dürfen. Bevor wir uns anmaßen, in der Politik mitzureden, müssen wir uns erst einmal um uns selbst kümmern. Wie sieht diese Selbstsorge aus?

Ein heutiger Zeitgenosse würde wahrscheinlich an einen Crashkurs denken, in dem sich das fehlende Wissen und Können binnen kurzem nachholen läßt. Von einer derartigen Maßnahme hätte Sokrates vermutlich nichts gehalten. Sein Ansinnen ist radikaler. Zuerst, so fordert er, müssen wir mit uns selbst ins reine kommen. Das bedeutet dreierlei:

Einmal müssen wir uns vergewissern, was wir wissen und was wir nur zu wissen glauben (Alk.I,106d). Solange wir uns mit bloßen Meinungen, Halbwahrheiten und Zweideutigkeiten zufrieden geben, laufen wir Gefahr, zum Spielball der herrschenden Meinung zu werden. Wir gleichen einer Marionette, die an unsichtbaren Fäden hängt, werden mehr „gelebt", als daß wir selber leben. Im Grunde haben wir noch gar nicht unser eigenes Selbst gefunden, können noch gar nicht „ich" zu uns sagen (Alk.I,129b–131a). Erst wenn wir uns nach Kräften bemühen, uns von den ungeprüften Meinungen zu befreien und mit den Illusionen, Ausreden und Verklärungen aufzuräumen, mit denen wir aus Unwissenheit, Bequemlichkeit oder Vorsatz uns und andere täuschen, haben wir die Chance, innerlich frei und selbständig zu werden.

Sodann müssen wir uns vergewissern, was wir wollen und was wir nicht wollen. Was sind unsere wahren, was unsere nur vorgeschobenen Motive? Geht es uns tatsächlich um das Wohl aller oder geht es uns darum, die eigenen Interessen oder die Interessen einer bestimmten Gruppe durchzusetzen? Geht es uns um persönliche Macht oder geht es uns um Gerechtigkeit? Wenn es uns um Gerechtigkeit geht, dann ist die Frage, wie wir Gerechtigkeit definieren. Mit dem Willen zur Gerechtigkeit allein ist es ja nicht getan. Nicht von ungefähr gibt sich Sokrates nicht mit der Versicherung des Alkibiades zufrieden, er wolle gerecht sein, er beharrt vielmehr darauf, zusammen mit ihm herauszubekommen, was er darunter versteht und wie tragfähig dieses Verständnis ist (Alk.I,109b–116d). Die schlimmsten Fehler, so meint er, entstehen aus Unwissenheit, die schlimmsten Dummheiten, so läßt sich ergänzen, entstehen aus gutem Willen (Alk.I,117d, 118a).

Schließlich müssen wir uns vergewissern, was wir können und was wir nicht können. Wir müssen uns klarmachen, welche Kenntnisse, Fähigkeiten und Tugenden von einem Politiker verlangt werden. Wenn es richtig ist, daß Politik dazu beitragen soll, die Bürger besser zu machen, dann muß derjenige, der in der Politik mitreden will, zunächst einmal selbst versuchen, besser zu werden, weil niemand einem anderen etwas vermitteln kann, was er selbst nicht hat oder ist (Alk.I,134c). Bevor er den Politikern vorwirft, sie wüßten nicht, wovon sie redeten, muß er sich fragen, wieviel er selbst davon versteht. Bevor er ihnen ankreidet, sie würden ihre persönlichen Interessen verfolgen, muß er sich darüber klarwerden, wie es mit seinen eigenen Interessen bestellt ist. Bevor er von ihnen Besonnenheit verlangt, muß er sich überzeugen, wie weit er seiner eigenen Aufgeregtheiten und Emotionen mächtig ist. Mit anderen Worten: Bevor wir anfangen, uns um andere zu sorgen, müssen wir erst einmal vor der eigenen Haustüre kehren.

Ohne Selbsterkenntnis und Selbstprüfung gibt es für Sokrates keine Selbstsorge. Erst wenn wir uns daran machen, darüber nachzudenken, was wir wissen und was wir nicht wissen, was wir wollen und was wir nicht wollen, was wir können und was wir nicht können, nach welchen Werten oder Unwerten wir handeln, wissen wir auch, was uns not tut. „Wissen wir es, dann können wir wohl auch wissen, worin die Sorge für uns selbst besteht, wissen wir es aber nicht, dann wohl niemals" (Alk.I,129a).

Kein Zweifel, eine solche „Selbstsorge" fällt schwer. Sie verlangt Mut und Ausdauer und ist deshalb auch nicht jedermanns Sache und schon gar nicht die Sache eines jeden Politikers (Alk.I,129a). „Die meisten sind darauf aus, sich um fremde Angelegenheiten zu kümmern, und vergessen darüber, sich selbst zu prüfen" (Xen.mem. 3,7,9). Ein Schulbeispiel dafür ist

Alkibiades. Den glänzend begabten, ebenso machtbesessenen wie bedenkenlosen Politiker zog es zeitweise in die Nähe des Sokrates. Aber lange ausgehalten hat er es bei ihm nicht. Wie es im „Symposion" heißt: Obwohl Alkibiades eingestand, daß ihm zum politischen Geschäft noch vieles mangelte, zog er daraus keine Konsequenzen. Einmal Blut geleckt, konnte er von der Politik nicht mehr lassen. Statt mit dem Regieren bei sich selbst anzufangen, begab er sich unverzüglich in die politische Arena, um andere zu regieren. Auch wenn er spürte, daß er eigentlich das tun müßte, was Sokrates ihm riet, nämlich zunächst einmal sich seiner selbst zu vergewissern und für sich selbst zu sorgen, schlug er dessen Mahnungen in den Wind: Den Versuchungen der Politik konnte es nicht widerstehen. Die Macht, die von der Macht ausgeht, war stärker. Ohne den Kitzel der Macht und die Huldigungen der Menge schien ihm das Leben nicht lebenswert (symp. 216a–b).

Sokrates stellt Fragen

Was muß man tun, wenn man sich darüber klargeworden ist, daß man sich um sich selbst kümmern muß? Sokrates' Antwort lautet: „Beantworten, was gefragt wird" (Alk.I,127e). Das klingt seltsam. Heißt denn „für sich selbst sorgen" nicht zunächst einmal soviel wie: „Zwiesprache mit sich selbst halten", „sein Gewissen erforschen", „in sich gehen"? Solche „Selbstreflexion" gibt es zweifellos, sie ist aber wohl eher die Ausnahme als die Regel. Sokrates kennt seine Pappenheimer. Er weiß: Es braucht ständige Anstöße von außen, um uns Normalbürger dazu zu bringen, daß wir anfangen, unsere gewohnten Meinungen zu überdenken. Im allgemeinen ist Selbstsorge kein einsamer Akt im stillen Kämmerlein. Selbstsorge geschieht im Gespräch. Natürlich nicht in irgendeinem beliebigen Gespräch, sondern in einer ernsten Befragung, die keine Ausflüchte erlaubt, die nicht locker läßt, solange es noch irgendeinen Zweifel gibt. Solche Gespräche zu provozieren: darin besteht Sokrates' Kunst.

Sokrates stellt seinen Gesprächspartnern Fragen und hält sie an, diese zu beantworten. Nach was fragt er? Er fragt nicht nach dem jeweils Allerneuesten, auf das damals offenbar viele Athener versessen waren. („Auf die Neuheit eines Gedankens hereinfallen, das könnt ihr gut, und einem bewährten nicht mehr folgen wollen – ihr Sklaven immer des neuesten Aberwitzes", heißt es bei Thukydides, 3,38,5.) Er fragt auch nicht mal nach diesem und mal nach jenem; er fragt vielmehr immer nach demselben (Gorg. 482a, 491b, symp. 221e; Xen.mem. 4,4,6), nämlich nach dem „Wichtigsten" (apol. 30a), genauer, nach dem, was wir in Bezug auf das Wichtigste *wissen*, *wollen*, *können* und *tun*. Er fragt: Was wir für fromm und für ruchlos, für gerecht und für ungerecht, für schön und für häßlich, für gut und für böse, für tapfer und für feige halten (Euthyph. 5c, 7d; Lach. 190d); worauf wir aus sind, auf Geld, Ruhm und Ehre oder auf Einsicht, Wahrheit und Tugend (apol. 29e, 41e); was wir glauben zu sein und was wir in Wirklichkeit sind; was wir vorgeben zu wollen und was wir tatsächlich tun; was wir vermeinen zu können und wozu wir tatsächlich imstande sind (apol. 41e). Er nimmt jeden ins Kreuzverhör: Ob er verstehe, worüber er rede; ob er das sage, was er meine; ob er der sei, der er scheine; ob er wisse, was er wolle, ob er wolle, was er wisse; ob er begreife, was er tue; ob er das tue, was er tun möchte. Mit bloßen Annahmen, konventionellen Floskeln und Denkschablonen gibt er sich ebensowenig zufrieden wie mit Täuschungen und Selbsttäuschungen: Niemand dürfe einem anderen gegenüber sich als jemand ausgeben, der er nicht sei; niemand aus Unkenntnis etwas tun, was er gar nicht wolle; niemand dürfe sich aber auch selbst betrügen und lieber das glauben, was er glauben wolle, als das, was wirklich ist. Sokrates nimmt nichts ungeprüft hin (Euthyph. 9e). Er fragt so lange unerbittlich weiter, bis er alles vermeintliche Wissen als unbegründet entlarvt (apol. 29e) und jeden „aus seinem Versteck gescheucht"[16] hat. Wenn am Ende eines Gesprächs eine Unklarheit bleibt, gibt er nicht klein bei, sondern beginnt wieder von vorne (Euthyph. 15c, Men. 79e). Keine Frage: Sokrates war eine Nervensäge. Nicht zu Unrecht verglichen die Athener ihn mit einem Zitterrochen, der elektrische Schläge austeilt (Men. 80a); auf manche Zeitgenossen wirkte seine Rede wie der Biß einer Natter (symp. 217e).

Sokrates' Fragen üben eine heilsame Wirkung aus, zumindest auf diejenigen, die nicht davonlaufen, sondern fähig sind, den Prüfungen standzuhalten. Sie bringen sie dazu, Rechenschaft über sich selbst abzulegen. „Wer der Rede des Sokrates nahe genug kommt und sich mit ihm einläßt ins Gespräch, (wird) unvermeidlich, wenn er auch von etwas ganz anderem zuerst angefangen hat zu reden, von diesem so lange ohne Ruhe herumgeführt, bis er ihn da hat, daß er Rede stehen muß über sich selbst, auf welche Weise er jetzt lebt und wie er vorher sein Leben geführt hat" (Lach. 187e–188a). Mit anderen Worten: Die Gespräche, in die Sokrates seine Mitbürger verwickelt, sind keine akademischen Diskussionen. Ihr Zweck erschöpft sich nicht darin, irgendwelche theoretischen Sätze auf ihre Stichhaltigkeit hin zu überprüfen, ihre Hauptziel besteht vielmehr darin, die Redenden selbst – und zwar Fragende wie Antwortende – zu prüfen. Auch wenn Sokrates beteuert, eigentlich nur die Sache prüfen zu wollen, das Ergebnis ist immer, „daß dabei auch ich, der Fragende, und der Antwortende geprüft werden" (Prot. 333c).

Kein Wunder, daß viele Gesprächspartner sich gegen solche Prüfungen wehren. Diejenigen jedoch, die froh sind, von Sokrates in die Mangel genommen zu werden wie Nikias im Dialog „Laches", erklären sinngemäß: ‚Gern lasse ich mich ein mit dem Manne und halte es für kein Unglück, daran erinnert zu werden, wo ich nicht richtig gehandelt habe. Das hilft mir, in Zukunft vorsichtiger zu sein und entsprechend dem Wort Solons zeitlebens zu lernen und nicht darauf zu bauen, daß das Alter einen auch ohne eigenes Zutun vernünftig macht' (Lach. 188a–b).

Sokrates läßt seine Gesprächspartner ratlos zurück

Über die Erkundung der Frage „Wer bin ich?" hinaus, dient das sokratische Gespräch aber auch der Klärung der Frage „Was ist das?" (Zum Beispiel: Was bedeutet Frömmigkeit? Was heißt Gerechtigkeit? Was verstehen wir unter Tugend?) Wie verlaufen solche Gespräche? Eigentlich sollte man annehmen, sie verliefen etwa so: Jemand stellt eine Behauptung auf. Sokrates hakt ein und fragt: Was meinst du damit? Meinst du dies oder meinst du jenes? Der Gefragte versucht zu antworten und verstrickt sich dabei in Widersprüche und Ungereimtheiten. Sokrates läßt nicht locker. Nach längerem Hin und Her hilft er seinem Gesprächspartner schließlich auf die Sprünge. Die Frage wird geklärt, ein Ergebnis kommt zustande, dem alle zustimmen; die Diskussionsteilnehmer sind zufrieden und bekennen, etwas gelernt zu haben. So jedenfalls unsere Erwartung. Die Wirklichkeit entspricht dem jedoch nur zum Teil. Der Ausgang der Gespräche ist jedenfalls ein ganz anderer. Das Eigenartige an den Diskussionen mit Sokrates ist nämlich, daß aus ihnen zunächst einmal gar nichts herauskommt. Die Unterredungen enden gemeinhin in einer allgemeinen Ratlosigkeit (Aporie), zumal Sokrates nur fragt, selbst aber sich aller Antworten enthält (rep. 337a; vgl. Aristoteles, Soph.Widerl. 183b7), ja sogar freimütig bekennt, selbst ratlos zu sein: „Ich suche erst mit dir, was wir uns aufgegeben haben, weil ich es eben selbst nicht weiß" (Charm. 165b; vgl. Alk.I,124c; Men. 80c). Am Schluß bleiben die Disputanten verwirrt zurück und wissen nicht mehr aus und ein (Alk.I,127d; Gorg. 522b; Theait. 149a; Xen. mem. 4,2,19/ 23/39). Sokrates bringt sie alle zur Verzweiflung. „Aber bei den Göttern, o Sokrates, ... ganz verdreht komme ich mir vor. Denn bald dünkt es mich so, wenn du mich fragst, bald wieder anders" (Alk.I,116e). Ein Gefühl der Mutlosigkeit stellt sich bei den Gesprächsteilnehmern ein. Diejenigen, die gehofft hatten, von Sokrates belehrt zu werden, werden an sich selbst irre: „Ich weiß nicht (mehr), ... was ich denke. Denn wovon wir auch ausgehen, das geht uns ja immer herum und will nicht bleiben, wohin wir es gestellt haben" (Euthyph. 11b).

Was bezweckt Sokrates damit? Um zwei Dinge geht es ihm nicht: Weder ist er, wie der Sophist Gorgias, darauf aus, alles Wissen zu entwerten und einen radikalen Skeptizismus zu verkünden (Diels-Kranz, Gorgias B3), noch ist es seine Absicht, seine Gesprächspartner bloßzustellen und lächerlich zu machen, wie dies offenbar eine Reihe junger athener Müßiggänger unter mißbräuchlicher Berufung auf ihn getan hat (apol. 23c; rep. 539b). Sokrates ist frei von billigem Skeptizismus wie von billiger Häme; seine Fragekunst ist konstruktiv, nicht destruktiv.

Wenn Sokrates aber weder an dem einen noch an dem anderen gelegen ist, welche Absicht verfolgt er dann?

Sokrates ermuntert seine Mitbürger, selbständig zu denken

Für Sokrates ist die Ratlosigkeit ein notwendiges Durchgangsstadium auf dem Weg zum Denken. Solange wir glauben, hinlänglich Bescheid zu wissen, haben wir es mit dem Nachdenken gewöhnlich nicht eilig (symp. 204a). Erst wenn wir uns unserer Unwissenheit bewußt werden, erkennen wir, daß es womöglich doch nicht so abwegig ist, sich ernsthaft um Wissen zu bemühen. Nicht mit Wissen, sondern mit der Erfahrung des Nichtswissens beginnt das Denken.

An diesem Punkt scheiden sich freilich die Geister. Die einen scheuen die Anstrengungen des Denkens und gehen Sokrates fortan aus dem Weg (Xen.mem. 4,2,40). Sie sehnen sich nach den alten Gewißheiten zurück oder flüchten in einen neuen Glauben, der ihnen das Denken erspart. Andere hingegen ergreifen die Chance, die in der Aporie liegt, die Chance, selbständig zu werden, sprich: selbständig zu denken und selbständig zu handeln. Nachdem sie eingesehen haben, wie sehr ihr Leben von Konventionen, Vorurteilen und Wunschvorstellungen beherrscht wird, wie unbegründet ihre Meinungen oft sind und wie wenig sie von den Dingen, auf die es ankommt, verstehen, überkommt sie der Wunsch, sich soweit wie möglich von all dem zu befreien und selbst zu denken. Diesen Wunsch in uns zu wecken, ist eines der Hauptziele der sokratischen Aporie. Sokrates will nicht Meinungen oktroyieren, sondern selbständig denkende Menschen für die ihnen obliegenden Aufgaben heranbilden (Xen.mem. 4,7,1). Sein Credo lautet: Die Wahrheit müßt ihr schon selbst entdecken; nur dann ist sie etwas wert. Oder, wie es im „Phaidon" heißt: „Kümmert euch nicht um Sokrates, sondern kümmert euch um die Wahrheit. Wenn ihr glaubt, daß ich etwas Richtiges sage, so stimmt mir bei, wenn aber nicht, so widerstrebt mir auf jede Weise" (Phaid. 91b–c).

Mut machen will Sokrates nicht nur zum selbständigen Denken, sondern auch zum selbständigen Handeln. Wir sollen, mahnt er, unser Leben nicht einfach passiv hinnehmen, sondern nach Möglichkeit es auch zu „führen" suchen. Wir sollen nicht ungeprüft übernehmen, was die herrschenden Autoritäten lehren oder alle Welt tut, sondern soweit es geht uns bemühen, nur das zu tun, was wir nach gründlicher Überlegung und aus eigener Einsicht für richtig halten. Sokrates' Grundmaxime lautet: „Nicht jetzt nur, sondern schon immer habe ich das an mir, daß ich nichts anderem von mir gehorche als dem Satz (*logos*), der sich mir bei der Untersuchung als der beste zeigt" (Krit. 46b).

Sokrates hält die Athener zur Tugend an

Sokrates fordert die Athener nicht nur auf, die brüchig gewordenen Überlieferungen, Konventionen und Gewohnheiten zu überprüfen und selbständig zu denken, er hält sie auch zur Tugend an. Er redet ihnen ins Gewissen, „sich doch die Tugend (*areté*) angelegen sein zu lassen" (apol. 31b). Während er sonst ständig beteuert, nichts zu wissen, ist er in Bezug auf die Tugend – allgemeiner gesagt: in Bezug auf die Ethik, das gelungene Leben – von großer Entschiedenheit. Er *weiß*, was gut für uns ist. Das heißt: Jenseits des Nichtswissens besitzt er ein Wissen, an dem er nicht rüttelt und mit dem er auch nicht hinter dem Berg hält. Ekkehard Martens hat allein in der „Apologie" siebzehn Stellen ausgemacht, die von einem solchen „Wissen" zeugen.[17] Zum Beispiel: Man muß in jedem Fall, auch bei Gefahr für Leib und Leben, das Rechte tun und gerecht handeln (28b) oder: Unrecht tun und dem Besseren, Gott oder Mensch ungehorsam sein, ist übel und schändlich (29b) oder: Am wichtigsten ist es, für sich selbst zu sorgen und möglichst gut und vernünftig zu werden (36c) oder: Das größte Gut für den Menschen ist, sich täglich über die Tugend zu unterhalten, ein Leben ohne Selbsterforschung hingegen ist nicht lebenswert (38a) oder: Da seine Angelegenheiten von den Göttern nicht vernachlässigt werden, gibt es für einen guten Menschen kein Übel, weder im Leben noch im Tode (41c–d). Die Liste ließe sich unschwer erweitern. Zum Beispiel: Für Einsicht, Wahrheit und seine Seele zu sorgen ist besser als nach Geld, Ruhm und Ehre zu streben (29e) oder: Nicht aus Reichtum entsteht die Tugend, sondern aus der Tugend entspringen Reichtum und alle anderen menschlichen Güter, private wie öffentliche (30b).

Kein Zweifel: Das Bild vom nichtwissenden Sokrates, wie es von Aristoteles (Soph.Widerleg. 183b7) und vielen anderen überliefert wird, ist einseitig. Schon Xenophon hat darauf hingewiesen, daß es neben dem „widerlegenden" auch einen „bessermachenden" Sokrates gibt (Xen.mem. 1,2,48, 1,4,1).[18] Offensichtlich ist dieser bessermachende Sokrates schon von seinen Gesprächspartnern häufig übersehen worden, wie der folgende Wortwechsel zwischen Sokrates und Hippias zeigt, den Xenophon in seinen Memorabilien überliefert. Hippias gereizt: „Es genügt nicht, daß du die anderen mit deinen Fragen verspottest und alle in die Enge treibst, während du selbst aber niemandem Rede stehen willst und über nichts deine Meinung darlegen". Sokrates: „Wie denn, Hippias, hast du nicht bemerkt, daß ich unablässig offenbare, was ich für gerecht halte?" (Xen.mem. 4,4,9–10).

Dieser Dialog, mag er nun erfunden sein oder nicht, ist aus zwei Gründen aufschlußreich. Zum einen belegt er, in welcher Weise Sokrates von seinen Zeitgenossen oft mißverstanden worden ist, zum andern demonstriert er, wie Sokrates seine moralischen Wahrheiten vornehmlich gelehrt hat: nicht durch Worte, sondern durch sein Beispiel. Auf die Frage des Hippias nämlich: ‚Wie lautet nun deine Meinung über das Gerechte?', antwortet Sokrates: „Wenn ich es auch nicht mit Worten kundtue, dann doch durch mein Tun. Oder scheint dir nicht das Handeln ein besserer Beweis zu sein als die Darlegung in Worten?" (Xen.mem. 4,4,10). Warum das so ist, macht eine Stelle in Platons „Laches" (188d–189b) deutlich. Es genügt nicht, erklärt Laches, über Tugend zu reden. Wer über Tugend spricht, muß beweisen, daß er selbst tugendhaft ist. Die Rede und der Redende müssen übereinstimmen. „Wer das Gegenteil tut (von dem, was er redet), der ist mir um so mehr zuwider, je besser er mir zu reden scheint, und macht, daß ich als ein Redefeind erscheine" (Lach. 188d–e). Mit anderen Worten: Moralische Gewißheiten lassen sich nicht wie wissenschaftliche Wahrheiten logisch und für jedermann zwingend beweisen. Moralische Gewißheiten sind philosophische Wahrheiten. Und „eine philosophische Wahrheit ist nicht einfach eine adäquate Aussage in Bezug auf einen objektiven Sachverhalt, unabhängig und unpersönlich; sondern eine Aussage, durch die ein verantwortlicher, freier Mensch eine Wahrheit auf sich nimmt, in sich aufnimmt, sich zu eigen und wahr macht, durch die Art, wie er ihr anhängt." So Jeanne Hersch.[19] Noch kürzer Karl Jaspers: „Es ist Sache des Entschlusses, nicht Sache der Verstandeserkenntnis, woraufhin man leben wolle".[20]

Fazit: Sokrates zieht sich nicht immerzu auf sein Nichtwissen zurück; er nimmt auch Stellung, urteilt, mahnt, fordert Tugenden ein.[21] Mit welchem Verständnis kann er dabei heute, im einundzwanzigsten Jahrhundert rechnen? Sagen uns Tugenden überhaupt noch etwas? Soviel ist sicher: Das Wort Tugend kommt in unserer Alltagssprache kaum mehr vor.[22] Tugend, Tugendhaftigkeit – die Worte haben etwas Altbackenes, klingen nach Bravheit, Sittsamkeit, Wohlanständigkeit, und wer wäre heute auf solche Eigenschaften noch stolz? Der Hinweis, im Griechischen habe das Wort *areté* keinen spezifisch moralischen Sinn gehabt, sondern allgemein Tauglichkeit bedeutet, gleichgültig, ob es sich dabei um die Tauglichkeit von Menschen, Tieren oder Werkzeugen handelt – die *areté* des Messers war die Schärfe, die *areté* des Pferdes die Schnelligkeit –, dieser Hinweis bringt uns nicht weiter, denn mit dem Begriff Tugend oder Tugendhaftigkeit meinen wir heute ja gerade die moralische Qualität einer Handlung. Der Versuch, das Wort Tugend durch ein anderes Wort zu ersetzen, etwa durch „Bestheit" wie es Wolfgang Schadewaldt vorgeschlagen hat, hat wenig Überzeugendes. Wir müssen also wohl oder übel bei dem Wort Tugend bleiben. Wir können das um so mehr, als mit dem Wort ja nicht auch die Sache verschwunden ist. Im politischen Leben spielen die vier Kardinaltugenden Platons – die Weisheit (*sophia*), die Besonnenheit (*sóphrosyné*), die Gerechtigkeit (*dikaiosyné*) und die Tapferkeit (*andreia*) – nach wie vor eine Rolle. Niemand wird ernsthaft bestreiten, daß ein Politiker klug, besonnen, gerecht und mutig sein soll (letzteres, um den Wählern die Wahrheit zu sagen).

Folgt man Platon und Xenophon, dann finden sich diese vier Tugenden auch schon bei Sokrates. In der „Apologie" ist die Rede von der Weisheit (allerdings in der eingeschränkten Form der „menschlichen Weisheit") (apol. 20d), von der Tapferkeit – „wohin jemand sich selbst stellt ... oder wohin einer von den Oberen gestellt wird, da muß er ... jede Gefahr aushalten" (apol. 28d)[23] – und von der Gerechtigkeit – bei allem, was wir tun, müssen wir darauf achten, „ob es recht getan ist oder unrecht, ob es eines rechtschaffenen oder eines schlechten Mannes Tat ist" (apol. 28b). Von der Besonnenheit handeln unter anderem der „Protagoras" (332b–333c), der „Gorgias (507a–d) und der „Alkibiades I" (131b, 133c, 134c).

Mit einer solchen Einordnung in die platonische Ethik wäre die Eigenart der sokratischen Ethik, namentlich der politischen Ethik, jedoch verkannt. Charakteristisch für die politische Ethik des Sokrates ist nicht der Kanon der vier Kardinaltugenden, charakteristisch sind vielmehr zwei Kerntugenden: das Streben nach Wahrheit und das Streben nach Gerechtigkeit. Zu Recht schreibt Ekkehard Martens: „Mit seiner Forderung nach kritischer Wahrheitssuche und Orientierung an der Gerechtigkeit" hat Sokrates versucht, „die gesamte Tagespolitik ... auf eine neue Grundlage zu stellen".[24] Daß Sokrates in dem Streben nach Wahrheit und Gerechtigkeit Tugenden sieht, ist nichts Ungewöhnliches, daß er aber die beiden Tugenden für die Politik reklamiert – darin liegt die Originalität seiner politischen Ethik; und auch ihr provozierender Charakter.

Warum ausgerechnet diese beiden Tugenden? Warum begnügt er sich nicht wie die meisten antiken politischen Denker mit der Gerechtigkeit als oberster politischer Tugend? Eine Erklärung wäre: weil Gerechtigkeit das Streben nach Wahrheit voraussetzt. Gerechtigkeit heißt ja, konkurrierenden Interessen gerecht werden zu wollen. Das aber bedeutet, daß man sich zunächst einmal der eigenen Interessen bewußt wird; daß man diese Interessen nicht für die einzig wahren Interessen hält, sondern relativiert; daß man nicht nur den eigenen, sondern auch den Interessen der anderen gerecht zu werden versucht; daß man die unterschiedlichen Interessen gemeinsamen Maßstäben unterwirft, sie miteinander vergleicht und bewertet; daß man darauf sieht, um *welche* und nicht: um *wessen* Interessen es sich handeln.[25] Das aber geht, denke ich, nicht, ohne daß man sich bemüht, wahrhaftig zu sein.

Aber das ist nicht der einzige Grund, weshalb Sokrates darauf besteht, daß Politik auf Wahrheit angewiesen ist. Mit Wahrheit kann verschiedenes gemeint sein. Zum Beispiel Ehrlichkeit: daß wir das, was wir sagen, auch meinen; oder Wahrheit im Sinne der Übereinstimmung von Tun und Wollen: daß wir das, was wir tun, auch wollen, und nicht aus Blindheit etwas in die Wege leiten, was gar nicht in unserer Absicht liegt; oder Wahrheit im Sinne von Tatsachenwahrheit: daß wir uns in unserem Denken und Handeln an Tatsachen gebunden fühlen und nicht an Fiktionen. Wenn Sokrates Wahrheit in der Politik fordert, dann meint er Wahrheit in diesem mehrfachen Sinne.

Entsprechend seiner Auffassung, daß die Rede und der Redende übereinstimmen solle und daß man Tugenden besser durch das eigene Beispiel als durch Worte weitergebe, gibt Sokrates sich nicht damit zufrieden, über Wahrheit zu reden, sondern setzt sich zum Ziel, selbst möglichst wahr zu sein. Wohlgemerkt: Er erhebt nicht den Anspruch, im Besitz der Wahrheit zu sein, er strebt danach, so wahr wie möglich zu sein. Was er über seine Bemühung, gerecht zu sein, sagt, nämlich daß er „überall dem Recht geholfen" und „nie einem jemals irgend etwas eingeräumt habe wider das Recht" (apol. 32e–33a), hätte er auch über sein Streben nach der Wahrheit sagen können, nämlich, daß er überall der Wahrheit geholfen und ihr immer den Vorrang vor der Unwahrheit eingeräumt habe. Er hat in der Tat ja immer versucht, die Irrtümer, Verschleierungen und Illusionen, auf die er bei sich und seinen Gesprächspartnern stieß, ans Licht zu bringen. Er hat sich nicht zum Sklaven der öffentlichen Meinung gemacht, sondern ist stets *der* Meinung gefolgt, der er nach gewissenhafter Prüfung zustimmen konnte. Er hat sich und anderen nie etwas vorgemacht, vielmehr immer gesagt, was er gedacht, und immer gedacht, was er gesagt hat. Kurzum: Er hat sich nach Kräften bemüht, wahrhaftig oder, bescheidener ausgedrückt, sowenig wie möglich unwahrhaftig zu sein.[26] Und das nicht nur im privaten, sondern auch im politischen Leben.

Diese Wahrhaftigkeit hat er auch von den Bürgern gefordert. (Indirekt war davon bereits im Zusammenhang mit der „Selbstsorge" die Rede. Sich klarwerden zu wollen über das, was man weiß, was man will, was man kann und was man tut, heißt soviel wie: wahrhaftig vor sich selber werden zu wollen. Wahrhaftigkeit, so könnte man sagen, ist das Ergebnis einer gelungenen Selbstsorge.) Es ist anzunehmen, daß Sokrates mit der Forderung nach Wahrheit in der Politik bei seinen Zeitgenossen weitgehend auf Unglauben und Spott stieß. Käme er heute auf die Welt, würde es ihm kaum anders ergehen. Die Überzeugung ist weitverbreitet: Wahrheit ist eine Sache der Philosophie, nicht der Politik; ein Politiker, der sich der Wahrhaftigkeit verpflichtet, hat seinen Beruf verfehlt. Wie Hannah Arendt in ihrem Aufsatz über „Wahrheit und Politik" schreibt: „Niemand hat je bezweifelt, daß es um die Wahrheit in der Politik schlecht bestellt ist, niemand hat je die Wahrhaftigkeit zu den politischen Tugenden gerechnet. Lügen scheinen zum Handwerk nicht nur des Demagogen, sondern auch des Politikers und sogar des Staatsmannes zu gehören."[27]

Sokrates' Forderung scheint mir damit aber noch nicht abgetan. Unter dem Aspekt der Tatsachenwahrheit stellen sich heute zwei Fragen dringender denn je. Erstens: Kann man von Politikern, die unbequeme Fakten verdrängen – sei es, daß sie sie nicht zur Kenntnis nehmen, sei es, daß sie nicht in ihr Konzept passen, sei es, daß sie sich nicht getrauen, den Wählern reinen Wein einzuschenken –, erwarten, daß sie den komplizierten Problemen der heutigen Welt auch nur annähernd gewachsen sind? Und zweitens: Verspielen Politiker, die die Tatsachen verdrehen oder vertuschen – ob bewußt oder unbewußt, absichtlich oder unabsichtlich, ist gleichgültig –, auf Dauer nicht das Vertrauen der Bürger? Mit anderen Worten: Ist Sokrates' Forderung vielleicht doch nicht so weltfremd, wie es scheint? Ist Politik womöglich doch auf ein Mindestmaß an Wahrhaftigkeit angewiesen, zumal in einer Situation wie heute, in der Fehlentscheidungen, die auf einer unzureichenden Einsicht in die

Realität beruhen, Fehlentwicklungen auszulösen oder zu verstärken drohen, die kaum mehr zu korrigieren sind?[28]

Sokrates' politische Ethik beruht zweitens auf der Gerechtigkeit, genauer: auf einer bestimmten Auffassung von Gerechtigkeit. Worin liegt das Besondere dieser Auffassung? Auf den ersten Blick laufen seine Äußerungen auf das triviale Gebot hinaus, das Rechte zu tun und das Unrechte zu meiden: Zum Exempel: Auf gar keine Weise darf man vorsätzlich Unrecht tun (Krit. 49a); Unrecht tun ist schlecht (apol. 29b; Krit. 49b); Unrecht tun muß bestraft werden (Euthyph. 8e). Gäbe es von Sokrates keine anderen Äußerungen, bräuchten wir uns mit ihm unter dem Aspekt der Idee der Gerechtigkeit wohl kaum näher zu beschäftigen. Daß wir dies trotzdem tun und auch tun müssen, liegt an zwei Aussagen, in denen er zu verstehen gibt, worin für ihn die Tugend der Gerechtigkeit letztlich besteht. Ich meine die Aussagen: Unrechttun ist schlimmer als Unrechtleiden (Krit. 48d) und: Unrecht darf nicht mit Unrecht vergolten werden (Krit. 49b, 54c). Sokrates weiß, daß diese beiden Gebote alles andere als selbstverständlich sind. Warum sollten wir in Fällen, in denen Unrecht nicht zu vermeiden ist, gehalten sein, lieber selbst Unrecht zu leiden als Unrecht zu tun? Und warum sollten wir Unrecht nicht mit Unrecht vergelten dürfen? Wie ungewöhnlich seine Forderungen waren, wußte Sokrates. „Ich weiß wohl, daß nur wenige dieses glauben und glauben werden" (Krit. 49d). Man kann sich die Einwürfe denken, die gegen ihn erhoben wurden. Die Zyniker werden eingewandt haben, sowenig es ein objektives Recht gebe, sowenig gebe es ein objektives Unrecht: Recht sei immer das Recht des Stärkeren. Die Realisten werden darauf hingewiesen haben, die Gebote, die Sokrates aufstelle, überforderten den Durchschnittsmenschen, der in der Regel kein Talent zum Märtyrer habe. Die Politiker schließlich werden ihn gefragt haben, wie sie denn das Gemeinwesen verteidigen sollten, wenn sie denen, die Unrecht begingen, nicht mit gleicher Münze heimzahlen dürften. Sokrates hat sich von diesen Einwänden nicht beeindrucken lassen. Er hielt an seiner Auffassung fest. An ihr, so meinte er, scheiden sich die Geister:

„Welche also dies annehmen und welche nicht, für die gibt es keine gemeinschaftliche Beratung, sondern sie müssen notwendig einander gering achten, wenn einer des anderen Entschließungen sieht" (Krit. 49d). Wie ernst es ihm mit der Auffassung war, daß man Unrecht nicht mit Unrecht ahnden dürfe, zeigt sich nicht zuletzt darin, daß er an ihr auch dann festhielt, als es um sein Leben ging. Statt sich von ihr zu distanzieren, beharrte er auf ihr und besiegelte sie durch seinen Tod (siehe weiter unten S. 86ff.).

Günter Figal meint, mit seiner Forderung reiße Sokrates zwischen Philosophie und Politik eine Kluft auf: „Der zunächst vielleicht harmlos klingende Satz, demzufolge man Unrecht nicht mit Unrecht vergelten darf, markiert die ungeheure Distanz des sokratischen Denkens von der Politik, den antipolitischen Charakter seiner Philosophie."[29] Antipolitisch wird man die sokratische Forderung indessen nur dann nennen können, wenn man eine Politik zum Maßstab nimmt, die auf erlittenes Unrecht keine andere Antwort weiß als die, selbst auch Unrecht zu tun. Zur Zeit des Sokrates mag das der Weisheit letzter Schluß gewesen sein. Sokrates selbst aber war sich offensichtlich bewußt gewesen, daß sich auf diese Weise die Spirale des Unrechttuns und der Gewalt nur immer schneller dreht und niemals aufhört (Krit. 49d–e). Gewiß hat er nicht daran geglaubt, daß sich Unrecht und Gewalt bei allseitig gutem Willen ein für alle Mal aus der Welt schaffen ließen. Aber er hat wohl die Hoffnung gehabt, daß es möglich sein müsse, den Automatismus – auf Gewalt folgt Gewalt, auf Unrecht folgt Unrecht – wenigstens zeitweise zu unterbrechen und dem Unrecht auf andere Weise zu begegnen. Ein unpolitisches oder antipolitisches Denken kann ich darin nicht sehen. Die Erfahrung zeigt zur Genüge, daß eine zivilisierte Gesellschaft ohne Beachtung der sokratischen Forderung nicht auskommt. Auch wenn bis heute überall und immer wieder gegen sie verstoßen wird: in die christliche Ethik und in das Völkerrecht ist sie eingegangen. Sokrates' angeblich unpolitisches oder antipolitisches Denken hat sich, so scheint mir, als zukunftsweisend erwiesen.

Sokrates entwirft keinen Philosophenstaat

Sokrates ist der Überzeugung, die athenische *polis* werde nur dann wieder in Ordnung kommen, wenn sich die Bürger um die erforderlichen Tugenden, und das heißt vor allem: um Wahrhaftigkeit und Gerechtigkeit bemühen. Als Philosoph, der herumgeht und Gespräche führt, glaubt er mithelfen zu können, daß seine Mitbürger sich dessen bewußt werden. Er ist jedoch weit davon entfernt, der Philosophie eine führende Rolle in der Politik zuzuschreiben. Sokrates hat eine andere Vorstellung von Politik als Platon. Im Unterschied zu Platon entwirft er keinen Idealstaat, sondern orientiert sich an den Gegebenheiten der athenischen *polis*. Im Unterschied zu Platon behauptet er nicht, nur Philosophen seien berufen, die politischen Angelegenheiten zu regeln, sondern hält die Politik für die Sache der Bürger insgesamt. Im Unterschied zu Platon ist er nicht der Meinung, daß politische Entscheidungen von einem kleinen Kreis extra dafür ausgebildeter Fachleute beschlossen und exekutiert werden sollten, sondern hält dafür, daß sie aus gemeinsamer Erörterung hervorgehen. Im Unterschied zu Platon sind die Entscheidungen für ihn nicht unantastbar, sondern unterliegen der Kritik und können abgeändert oder aufgehoben werden.

Eine zentrale Rolle in Sokrates' Politikbegriff spielt die gemeinsame Beratung (*koiné boulé*) (Krit. 49d; Men. 91a; Alk.I,124c–d). Für Sokrates beruht die Politik auf der „gemeinschaftlichen Bemühung" vieler. Sie lebt vom Austausch der Argumente, von der Möglichkeit, zu überzeugen und überzeugt zu werden, kurz: von der kontroversen Debatte, und zwar einer Debatte, die nicht hinter verschlossenen Türen und in einem elitären Kreis, sondern auf dem Markt, sprich: in der Öffentlichkeit stattfindet. Er folgt damit der klassischen griechischen Tradition, von der es in Henning Ottmanns „Geschichte des politischen Denkens" heißt: „Politik ist bei den Griechen Diskussion, nicht Dezision, oder wenn einem diese Entgegensetzung zu simplifizierend erscheinen mag, Diskussion mit der Ausrichtung auf Dezision. Zur griechischen Entdeckung der Politik gehört, daß diese durch Miteinander-Reden gemacht wird, die Stadt auf Überredung (*peithó*) basiert".[30] Dahinter steht die Auffassung, daß wir *in politicis* der Vernunft nicht durch Introspektion, sondern durch Miteinander-Reden, Miteinander-Beraten und Miteinander-Verhandeln näherkommen. Auch Sokrates gibt nicht vor, die Weisheit gepachtet zu haben. Auch er sucht gemeinsam mit anderen nach dem Richtigen. Er stellt seine Überzeugungen zur Diskussion, immer bereit, sich zu korrigieren, wenn er eines Besseren belehrt wird. „Denn nicht als wüßte ich es, sage ich, was ich sage, sondern ich suche es gemeinschaftlich mit euch; so daß, wenn mir derjenige etwas (Richtiges) zu sagen scheint, der mir widerstreitet, ich es zuerst einräumen werde" (Gorg. 506a).

Wenn das Miteinander-Reden, das Miteinander-Beraten und das Miteinander-Verhandeln Erfolg haben soll, dann darf es freilich nicht zu einem der üblichen Machtspiele entarten, bei denen die Streitenden sich gegenseitig über den Tisch zu ziehen versuchen. Die Teilnehmer müssen sich vielmehr „nach allen Kräften bemühen zu erfahren, was wahr ist an der Sache, wovon (sie) sprechen, und was falsch" (Gorg. 505e). Von den Disputanten wird dabei viel verlangt. Sie müssen die Kraft haben, die eigenen Sympathien, Wünsche und Interessen hintanzustellen, die ihnen den Blick auf die Wirklichkeit zu trüben drohen. Sie müssen die Fähigkeit besitzen, auch unbequemen Tatsachen ins Auge zu sehen. Und sie müssen die Bereitschaft aufbringen, von anderen zu lernen und sich notfalls selbst zu berichtigen.

Was läßt sich von einer solchen gemeinsamen Beratung erwarten? Gewiß nicht, daß die politischen Auseinandersetzungen überflüssig werden und am Ende die Wahrheit offenbar wird. Die Diskussion kann den Streit der konkurrierenden Meinungen und Interessen nicht aufheben, aber darauf hinwirken, daß er die Fakten berücksichtigt. Sie kann die Kluft zwischen den Parteien nicht einebnen, aber mithelfen, die Gegensätze zu entkrampfen und auf die tatsächlichen Alternativen zu reduzieren. Sie kann den Wettkampf um die Macht nicht aus der Welt schaffen, aber sie kann dazu beitragen, daß sich die Politiker der Illusionen bewußt werden, mit denen sie sich und andere täuschen. Zu hoffen ist, daß es im gemeinsamen Gespräch gelingt, bestimmte Begriffe wie etwa den der Gerechtigkeit oder des Gemeinwohls wenigstens ein Stück weit zu klären, damit man nicht gänzlich aneinander vorbeiredet. Gemessen an der Erkenntnis der „Wahrheit", die die Philosophenherrschaft angeblich zutage fördern soll, ist das sehr wenig. Gemessen aber an dem unfruchtbaren Gezänk, das unseren politischen Alltag bestimmt, ist das sehr viel.

Sokrates weiß sich der Stadt als „Sporn" beigegeben

Sokrates ist, wie wir gesehen haben, kein Lehrer, jedenfalls keiner im üblichen Sinne des Wortes. Er bezeichnet sich als Stechfliege, als Zitterrochen und als Hebamme. In unserem Zusammenhang ist die erste Bezeichnung die wichtigste. Während die meisten Philosophen sich normalerweise aus den öffentlichen Angelegenheiten zurückziehen und ihr Heil in der Kontemplation suchen, hört Sokrates nicht auf, seine Mitbürger „zu ermahnen und aufzuklären", „zu fragen, zu prüfen und auszuforschen", „anzuregen, zu überreden und zu verweisen" (apol. 29d,e, 30e). Er läßt seine Mitmenschen nicht in Ruhe, um selbst in Ruhe gelassen zu werden, im Gegenteil, er sorgt dafür, daß sie nicht zur Ruhe kommen. Er scheucht sie auf, er rüttelt sie aus dem Schlaf, er sitzt ihnen im Nacken.

Dabei geht es ihm nicht nur um die Seele des Einzelnen, es geht ihm auch und gerade um die Seele der *polis*. Er möchte die Athener nachdenklich machen und verhindern, daß mangelndes Wissen und mangelndes Können, unbedachte Meinungen und unreflektierte Interessen ihre Politik bestimmen. Er möchte eine öffentliche Debatte in Gang setzen über das, was alle angeht: Worin besteht der Zweck der Politik, geht es nur ums Überleben oder auch um ein gerechtes Leben, genügen Macht und Gewalt oder bedarf es auch der Tugend?

Sokrates versteht diese Tätigkeit ausdrücklich als Dienst an der Stadt, und zwar nicht als irgendeinen Dienst, sondern als den größten Dienst, den ein Philosoph seinem Gemeinwesen leisten kann, und zudem als einen Dienst, den zu vollbringen ihm der Gott Apollon aufgetragen hat: „Denn so, wißt ihr, befiehlt es der Gott" (apol. 30a, vgl. 23b, 30e, 31a, 33c). Ich, „der ich euch einzeln anzuregen, zu überreden und zu verweisen den ganzen Tag nicht aufhöre", bin „von dem Gotte der Stadt beigegeben wie einem großen und edlen Rosse, das aber eben seiner Größe wegen zur Trägheit neigt und der Anreizung durch den Sporn bedarf" (apol. 30e–31a).

Sokrates „verdirbt die Jugend"

In seinen „Notizen zu Martin Heidegger" schreibt Karl Jaspers: „Philosophie bezeugt sich in der Wirklichkeit des Lebens, Urteilens, Handelns ... Die Sache von der Person zu trennen, ist gehörig in den Wissenschaften, nicht in der Philosophie. Der Philosoph sollte am Ende seines Lebens und während des Lebens sich zeigen als das, was er ist und tut ...".[31] Jaspers macht freilich keinen Hehl daraus, daß dies nicht die Norm, sondern die Ausnahme ist. Zu den Ausnahmen zählt unzweifelhaft Sokrates. Für ihn ist die Philosophie keine Sache nur der Kopfes, sondern auch des Handelns, keine bloße Theorie, sondern eine Lebensform. Wie bei kaum einem anderen Philosophen befinden sich Leben und Denken bei ihm im Einklang: Sein Denken bewährt sich in seinem Tun, sein Tun macht sein Denken anschaulich. Es ist daher angebracht, zum Verständnis seines Denkens sein Leben – und das heißt nicht zuletzt: seinen letzten Lebensabschnitt, die kurze Spanne zwischen Gerichtsverhandlung und Hinrichtung – heranzuziehen. Hier, im Angesicht des Todes, zeigt sich am ungeschminktesten, wer Sokrates war. [32] Ohne Übertreibung kann man sagen: Sein Sterben hat Sokrates unsterblich gemacht.

Wenden wir uns zunächst dem Gerichtsprozeß zu. Im Jahre 399 v.Chr. wird Sokrates angeklagt. Die Ankläger halten ihm vor: Er verderbe die Jugend und leugne die Götter (apol. 24b–c; Euthyph. 2c; Gorg. 522b; Xen.mem. 1,1,1). Für beide Vergehen fordern sie die Todesstrafe.

Zuerst zu dem Vorwurf, Sokrates verderbe die Jugend. Was ist von ihm zu halten? Richtig ist, daß Sokrates es mit seinen Reden vornehmlich auf die Jugend abgesehen hat. „Denn ganz recht ist es, zuerst für die Jugend zu sorgen, daß sie aufs beste gedeihe; wie auch ein guter Landmann immer zuerst für die jungen Pflanzen sorgt und hernach für die übrigen" (Euthyph. 2d). Daß dies bei Teilen der älteren Generation auf mißtrauische Ohren stieß, ist nicht weiter verwunderlich. Man braucht sich die Situation nur einmal vor Augen zu führen: Da versucht jemand den jungen Leuten unaufhörlich einzureden, Maßstab des Handelns solle nicht mehr der angestammte Glaube, sondern die Einsicht sein; was bisher als gerecht, fromm und gut gegolten habe, dürfe nicht mehr automatisch weitergegeben, sondern müsse zuerst sorgfältig geprüft und, wenn nötig, korrigiert oder sogar verworfen werden. Verständlich, daß diejenigen, die in den alten Überlieferungen aufgewachsen waren und an ihnen festhalten wollten, Sokrates mit Argwohn betrachteten. Sie fühlten sich dreifach provoziert. Sokrates, meinten sie, schmähe das Alte: Er reiße die Grundfesten der Überlieferung ein und zersetze alles, was der *polis* seit alters her heilig sei. (Dieses Urteil hat lange Zeit fortgewirkt. Wenn man Plutarch – Cato maior 23 – glauben darf, hat noch zweihundert Jahre später der ältere Cato (234–149 v.Chr.) Sokrates für einen „Schwätzer und Aufrührer" gehalten, der es darauf angelegt habe, die Sitten seiner Vaterstadt zu verderben und seine Mitbürger zu Meinungen zu verleiten, die den Gesetzen zuwiderliefen.) Sodann fühlten sie sich in ihrer Ehre als Erzieher verletzt: Sokrates verleumde nicht nur *das* Alte, sondern auch *die* Alten (Gorg. 522b). Mit seinem Ansinnen, die Erziehung denen anzuvertrauen, die etwas davon verstünden, untergrabe er die Autorität der Eltern und der älteren Bürger, in deren Händen die politische, sittliche und religiöse Bildung bislang unangefochten gelegen habe (apol. 24d–25c; Men. 92e; Xen.mem. 1,2,49–52). Schließlich glaubten sie sich von Sokrates an der Nase herumgeführt. Sie warfen ihm vor, er verleite die Menschen aufs offene Meer, lehne es aber ab, ihnen einen sicheren Hafen zu weisen.

Viele Athener befürchteten, Sokrates könne mit seiner Disputationskunst die Jugend auf seine Seite ziehen und dadurch die vom Zusammenbruch bedrohte herkömmliche Polis-Ordnung vollends untergraben. Wie real war diese Gefahr? Fest steht, daß es in der jüngeren Generation viele gab, die sich an den überlieferten Werten rieben, die es überdrüssig waren, sich in den ausgefahrenen Gleisen zu bewegen und die gegen Gott und die Welt rebellierten. „Es scheint sich damals", schreibt Christian Meier in seinem Athen-Buch, „zumindest in der Oberschicht, eine weite Kluft zwischen den Generationen aufgetan zu haben. Die meisten der Älteren fanden die Jüngeren schon in einer anderen Welt. Sie hatten ihnen schon bald nicht mehr viel zu sagen."[33] Eine gewichtige Rolle in diesem Generationenkonflikt spielten die Sophisten, von deren Debatten die jungen Rebellen fasziniert waren. Noch einmal Meier: „Die Wachsten (unter ihnen), die in den späten dreißiger Jahren begannen, in der Stadt umherzustreifen (und) überall aufzutauchen, wo Sophisten eingekehrt waren, ... diese Jungen lernten sehr früh das Argumentieren; lernten, daß man die Dinge von dieser und von jener Seite sehen konnte, daß zu jedem Argument ein Gegenargument zu haben war – wie es ist, wenn eine ganze Welt sich plötzlich neu erschließt, wenn alle geistigen Hegungen niedergerissen werden, wenn man sich seiner Subjektivität bewußt wird ... und wenn man mit geistigen Waffen zu fechten lernt wie mit denen aus Eisen."[34]

Zweifellos hat Sokrates in der jungen Generation viele Anhänger gehabt (apol. 23c; Lach. 180e; Charm. 156a). Aber nicht alle, die sich seine Schüler nannten, haben sich ernsthaft bemüht, ihm zu folgen, manche haben ihn nur „zum Scherz" nachgeahmt (rep. 539b). Vor allem Angehörige der *jeunesse dorée* – junge Müßiggänger aus reichem Haus – scheinen sich einen Spaß daraus gemacht zu haben, mit Hilfe der neuen Diskussionstechnik ihre älteren Gesprächspartner aufs Glatteis zu führen, nicht um sie zum Nachdenken zu bringen, sondern um ihren Jux mit ihnen zu treiben, um sie herabzusetzen und dem Gespött preiszugeben (apol. 23c; rep. 539b–c). In ihren Händen wurde die sokratische Wahrheitssuche (Elenktik) zur sophistischen Streit- und Widerlegungskunst (Eristik).[35] Daß sie damit die sokratische Argumentationsweise mißbrauchten, ja in ihr Gegenteil verkehrten, übersahen offenbar viele Athener, darunter auch Anythos, die treibende Kraft im Prozeß gegen Sokrates (Men. 91b–92b, 94e). Sie machten Sokrates für den Mißbrauch verantwortlich, wenn sie nicht kurzerhand sokratische Elenktik und sophistische Eristik in einen Topf warfen. Dieser Vorwurf und diese Verwechslung sind es vornehmlich wohl gewesen, die Sokrates die Anklage eingetragen haben, die Jugend zu verführen.

So völlig unverständlich war die Verwechslung allerdings nicht. Auch Platon hat darauf hingewiesen, daß sich Sokratik und Sophistik auf den *ersten* Blick wie Hund und Wolf einander ähneln (Soph. 231a; Phil. 15d; Phaidr. 261e–262b). Beide verdanken ihren Ursprung ein und derselben Krise, der Auflösung der hergebrachten Ordnungen, Überzeugungen und Denkgewohnheiten; beide zeichnen sich dadurch aus, daß sie das bisher Selbstverständliche unablässig in Frage stellen. Entscheidend ist aber, daß sie unterschiedliche Konsequenzen aus ihrer gemeinsamen Ausgangslage ziehen. In den Augen des Sokrates sind drei Unterscheidungsmerkmale ausschlaggebend.

Erstens: Die sokratische Gesprächskunst steht im Dienst der Erkenntnis, die sophistische Redekunst hingegen im Dienst der Macht. An die Stelle des Versuchs, das Wahre vom Falschen zu unterscheiden, tritt in der Sophistik die Kunst, „zu streiten und zu widerlegen, was jedesmal gesagt wird, gleichviel ob es falsch ist oder wahr" (Euthyd. 272a-b). Während Sokrates jederzeit bereit ist, sich zu revidieren, wenn er etwas Unrichtiges gesagt hat (Gorg. 458a), hält der Sophist an seiner falschen Meinung fest. Er will nicht die Wahrheit ans Licht bringen, sondern seine Überlegenheit unter Beweis stellen und seine Meinung durchsetzen. Damit ihm das gelingt, ist er bereit, „Unrecht zu Recht" oder, wie die berühmte Formulierung des Protagoras lautet, „die schwächere Meinung zur stärkeren zu machen" (apol. 18b; Diels-Kranz, Protagoras B 6b).

Zweitens: Die sokratische Gesprächskunst ist auf „gemeinsame Beratung" (*koiné boulé*) (Krit. 49d; Men. 91a; Alk.I,124b), die sophistische Redekunst auf „Überredung" (*peithó*) (Gorg. 453a) aus. Sokrates weiß, daß ein Gespräch nur dann sinnvoll ist, wenn keiner der Gesprächspartner glaubt, die Wahrheit für sich gepachtet zu haben, wenn alle bereit sind, voneinander zu lernen (Alk.I,124c). Im Gegensatz dazu ist die sophistische Eristik nicht auf den Dialog angelegt.[36] Im Grunde kennt der Sophist keinen Gesprächs*partner;* seine Rede ist, um einen glücklichen Begriff von Josef Pieper aufzugreifen, „partnerlos". Der Angeredete ist bestenfalls ein Klient oder Käufer, schlimmstenfalls „ein zu bearbeitendes Objekt, das Objekt eines Bemächtigungsversuches, das einer Behandlung ausgesetzt wird".[37]

Drittens: Die sokratische Gesprächskunst beruht auf dem Glauben an moralische Prinzipien, der sophistischen Redekunst fehlt dieses Fundament. Ausschließlich an Wirksamkeit orientiert, ist die Sophistik stets in Gefahr, einem amoralischen Nihilismus zu verfallen. Nicht so die Sokratik. Auch wenn Sokrates es für unmöglich hält, ein für allemal zu definieren, was gut, gerecht und fromm ist, leitet er daraus nicht den Schluß ab, man bräuchte sich darum nicht zu kümmern, sei vielmehr frei, schändlich, ungerecht und ruchlos zu handeln. Diesen Schluß zogen offenbar Alkibiades und andere Zuhörer des Sokrates. Nachdem sie unzählige Male andere widerlegt hatten und ebenso viele Male von anderen widerlegt worden waren, „glaubten sie am Ende überhaupt nichts mehr" und entwickelten sich zu Zynikern (rep. 539b–c). Eine solche Haltung lag Sokrates gänzlich fern. „Nie habe ich einem jemals irgend etwas eingeräumt wider das Recht" (apol. 33a).

Sokrates „leugnet die Götter"

Der zweite Vorwurf gegen Sokrates lautet, er leugne die Götter seiner Heimatstadt und huldige statt dessen einer neuen Art von Gottheit, dem *Daimonion* (apol. 24b–c; Xen.mem. 1,1,1). Im Laufe der Verhandlung geht einer der Ankläger, Meletos, über diese Anschuldigung noch hinaus und behauptet, Sokrates glaube überhaupt nicht an Götter (apol. 26c). Ein solcher Vorwurf wog schwer. Da das Polisleben auf religiösen Grundlagen ruhte,[38] geriet jemand, der im Rufe stand, die Existenz von Göttern in Abrede zu stellen, automatisch in den Verdacht, die Fundamente der *polis* zu zerstören.

Sokrates widersprach diesen Anwürfen energisch. „Ich glaube an die Götter, ihr Athener, wie keiner von meinen Anklägern", versichert er (apol. 35d). Was meinte er mit „glauben"? Nicht das, an das wir denken, wenn wir von „glauben" sprechen. Nach griechischem Verständnis bedeutet „glauben" nicht, ein Dogma für wahr zu halten, sondern „den Göttern „die Ehren darzubringen, die ihnen zustehen".[39] „Vom Bürger eines griechischen Staates wurde nach Brauch verlangt, gewisse minimale religiöse Pflichten auszuüben; aber er war nicht verpflichtet, sich zu einem bestimmten Glauben zu bekennen, und es konnte auch nicht sein, da es keinen solchen Glauben als formuliertes und niedergeschriebenes Bekenntnis gab."[40] Nach allem, was wir wissen, hat sich Sokrates über diese konventionelle Frömmigkeit nicht erhaben gefühlt oder gar lustig gemacht. Nach Xenophon hat er sich in der alltäglichen rituellen Praxis so verhalten wie es die Sitte erfordert: Er beachtete die traditionellen Riten, brachte den Göttern zu Hause wie auf den Altären der Stadt Opfer dar, und „niemand konnte ihn jemals etwas Gottloses oder Unheiliges tun sehen oder reden hören" (mem. 1,1,2/11, vgl. 4,8,11).

Nach eigenem Bekunden erschöpfte sich Sokrates' Frömmigkeit aber nicht darin, daß er die herkömmlichen rituellen

Kulthandlungen respektierte. Man muß sich nur einmal die Art und Weise vergegenwärtigen, wie er seine philosophisch-politische Aufgabe verstand, um zu erkennen, in welch hohem Maße sein ganzes Denken und Tun von dem Glauben an die Götter durchdrungen war. Wie wir gesehen haben, faßt Sokrates seine Tätigkeit – umherzugehen und die Bürger nach der Wahrheit und der Tugend auszuforschen – als göttlichen Auftrag auf (apol. 30a, ähnl. 23b, 30e, 31a, 33c). Er begreift diesen Auftrag nicht als einen Auftrag neben anderen, sondern als einen, der „über allen anderen" steht (apol. 21e). Bei wichtigen Entscheidungen folgt er der Stimme seines *daimonion*, die sich jedesmal dann meldet, wenn es gilt, ihn von einer Sache abzuhalten (apol. 31d, 40b). Auch die Daimonen haben für ihn etwas Göttliches (apol. 27d): Sie stehen in der Mitte zwischen Gott und den Menschen; durch sie sprechen die Götter zu uns Sterblichen, wie es später im „Symposion" heißt (202d–203a).

Was irritierte Sokrates' Widersacher an diesem Glauben? Warum behaupteten sie, Sokrates erkenne die Götter, welche die Stadt verehre, nicht an? Ihr Hinweis, Sokrates führe neue Götter – die Daimonen – ein, scheint nicht der eigentliche Grund für ihre Anklage gewesen zu sein. Die griechische Religion war polytheistisch und kannte zahlreiche Götter und Heroen. Verstört und aufgeschreckt hat die Gegner des Sokrates wahrscheinlich etwas anderes, nämlich der Umstand, daß Sokrates' Glaube kein blinder, sondern ein reflektierter Glaube war. Auch im Glauben blieb Sokrates seiner Methode treu, nichts ungeprüft hinzunehmen, sondern allen Dingen auf den Grund zu gehen. Charakteristisch hierfür ist seine Reaktion auf den Spruch des Orakels von Delphi. Sein Freund Chairephon hatte dem delphischen Orakel die Frage gestellt, ob jemand weiser als Sokrates sei, was von der Phytia, der Priesterin des Orakels, verneint wurde. Als Sokrates von diesem Spruch hörte, war er zunächst ratlos. „Was meint der Gott denn damit? Lügen wird er bestimmt nicht, aber er muß doch wissen, daß ich alles andere als weise bin!" Seine Frömmigkeit hindert ihn indessen, den Spruch des Gottes einfach zu ignorieren. Allerdings nimmt er die Weissagung auch nicht ohne weiteres hin; gewohnt, nichts unbefragt zu akzeptieren, prüft er vielmehr auch sie. Er wendet sich an jene, die gemeinhin als die Weisesten gelten, um herauszufinden, ob es unter ihnen welche gibt, die den Götterspruch widerlegen. Wie wir gesehen haben (siehe S. 22), mißlingt das. Er stößt nur auf solche, die glauben, weise zu sein, es aber nicht sind. Jetzt erst erkennt er den Sinn der Weissagung: Sokrates ist der Weiseste, weil er weiß, daß er nichts weiß (apol. 21a–22e).

Daß Sokrates dem Orakelspruch nicht ohne weiteres geglaubt, sondern sich „erdreistet" hat, ihn auf seinen Wahrheitsgehalt hin zu überprüfen, hat ihm nach Platon „die beschwerlichsten und lästigsten Feindschaften" eingebracht (apol. 22e–23a). Was wir heute als selbstverständlich empfinden, war für die damalige Zeit eine ungeheuerliche Provokation. Henning Ottmann bringt das Ungewöhnliche, aus dem Rahmen Fallende im Verhalten des Sokrates auf den Punkt, wenn er schreibt: „Sokrates markiert den Einbruch des Denkens in die Autorität der Religion. ... Das Denken des Einzelnen wird damit zu einer die Religion prüfenden Instanz. Aller Kult wird äußerlich, wenn er mit der Einsicht in die Sache nicht harmoniert". Zwischen der traditionellen Frömmigkeit und der Gewissensentscheidung des Einzelnen kommt es zum Konflikt und um diesen Konflikt dreht sich letztlich der ganze Prozeß gegen Sokrates. „Es geht darum, inwieweit sich Sokrates, der Philosoph, von der Stadt und von den Grundlagen des gemeinsamen Lebens entfernt hat oder ob er ihnen verbunden geblieben ist."[41]

Es spricht viel dafür, daß Sokrates den Konflikt seinerseits noch angeheizt hat. Statt sich damit zu begnügen, von dem gewohnten Verhalten abzuweichen, scheint er es darauf angelegt zu haben, seinen Gegnern ihre Unbedarftheit unter die Nase zu reiben und sie zu blamieren. Er machte ihnen klar: Obwohl sie ihn der Asebie, des Frevels gegen die Götter beschuldigten, wüßten sie gar nicht, was Frömmigkeit sei. Um diesen Nachweis geht es in dem Dialog „Euthyphron". Der biedere Euthyphron, Vertreter einer konventionellen, zur Routine erstarrten Religiosität, ist fest davon überzeugt, ein frommer Mensch zu sein. Als Sokrates das hört, hakt er ein: Dann wirst du ja wohl auch wissen, was das Fromme ist. Natürlich, antwortet er, fromm ist, was ich gerade tue (nämlich meinen Vater, der einen Sklaven getötet hat, vor Gericht zu belangen) (Euthyph. 5d). Nachdem Sokrates ihm gezeigt hat, daß diese Antwort unzulänglich ist – Euthyphron habe nur ein *Beispiel* für Frömmigkeit gegeben, nicht aber gesagt, worin das *Wesen* der Frömmigkeit bestehe –, versucht er es mit einer neuen Antwort: Frömmigkeit sei das, was den Göttern lieb sei. Auch diese Antwort findet nicht Sokrates' Beifall. Umgekehrt, so weist er ihm nach, werde ein Schuh daraus: Etwas sei nicht deswegen fromm zu nennen, weil es geliebt werde, sondern geliebt werde etwas, weil es fromm sei (Euthyph. 10e). Mit anderen Definitionsversuchen geht es Euthyphron nicht besser. Jedesmal überführt ihn Sokrates, nicht sorgfältig genug nachzudenken. Entnervt bricht er schließlich die Diskussion ab und eilt davon. Sokrates' Angebot, das Gespräch noch einmal von vorne zu beginnen, lehnt er ab. Er scheut die Anstrengung, fürchtet, unbewußt, wohl auch den Verlust liebgewordener Gewißheiten.

Was aber Frömmigkeit ist, das sagt Sokrates nicht, weder in diesem noch in einem anderen Dialog. Er sagt, was sie nicht ist und deutet an, in welcher Richtung man suchen muß: Eine objektive und abschließende Definition der Frömmigkeit wird man bei ihm jedoch nicht finden (sowenig wie man bei ihm auf eine abschließende Definition der Gerechtigkeit stoßen wird). Für Sokrates ist Frömmigkeit (*hosiotés*) eine Tugend (Prot. 325a, 329c), die niemals vollständig und endgültig, sondern immer nur partiell und annähernd definiert werden kann. Folgt daraus, daß uns Sokrates in der Frage nach dem Wesen der Frömmigkeit die Antwort schuldig bleibt? Ja und nein. Einerseits liefert er keine abstrakte Definition, die immer Gefahr läuft, nichtssagend zu bleiben. Andererseits macht er durch sein eigenes Beispiel deutlich, worin sich Frömmigkeit in konkreten Situationen erweist, wann ein Leben fromm zu nennen ist, was es heißt, ein frommer Mensch zu sein (vgl. Xen.mem. 4,3,18). Worin zeigt sich die sokratische Frömmigkeit?

Frömmigkeit bedeutet für Sokrates erstens, die Grenzen anzuerkennen, die dem menschlichen Wissen gesetzt sind.[42] Wissen heißt für ihn nicht nur, zu wissen, was man weiß und was man nicht weiß (Charm. 167a), Wissen heißt für ihn auch, zu wissen, was man wissen kann und was man nicht wissen kann. Sokrates ist weiser als andere Menschen, weil er weiß, welches Wissen den Menschen und welches den Göttern zukommt, und weil er sich mit dem geringen „menschlichen Wissen" (*anthrópiné sophia*) bescheidet und nicht vorgibt, es mit der göttlichen Weisheit aufnehmen zu können (apol. 20d–e, 22d, 23a–b). Was das in der Praxis bedeutet, macht eine Passage in Xenophons „Memorabilien" verständlich. Es heißt darin sinngemäß: Vieles von dem, was den Menschen, zum Beispiel den Landwirt, den Baumeister oder den Feldherrn angehe, sei menschlicher Erkenntnis zugänglich; das Entscheidende behielten sich aber die Götter selber vor. Wer ein Feld bestelle, wisse nicht, wer die Früchte ernten werde; wer ein Haus baue, wisse nicht, wer darin wohnen werde; wer einen Feldzug beginne, wisse nicht, wie er ausgehen werde. Aus diesem Grund sei es wichtig, daß wir zu unterscheiden lernten zwischen dem, was die Götter uns zum Verstehen und alsdann zum Tun aufgäben, und dem, was unserer Einsicht entzogen sei. In den Dingen, die uns die Götter zur Entscheidung überließen, seien wir gehalten, uns die erforderlichen Kenntnisse anzueignen. Wer ein Schiff steuern wolle, müsse eine Ausbildung zum Steuermann absolvieren und dürfe sich nicht darauf verlassen, daß die Götter schon dafür sorgten, daß das Schiff nicht von der vorgesehenen Route abkomme. In den Dingen jedoch, die sich die Götter vorbehalten hätten, sei es leichtsinnig, wenn nicht frevelhaft, sich auf das menschliche Wissen zu verlassen (Xen.mem. 1,1,8–9).

Frömmigkeit heißt für Sokrates zweitens, anzuerkennen, daß nicht nur unserem Wissen, sondern auch unserem Können Grenzen gesetzt sind. Eine solche Haltung steht in scharfem Kontrast zu dem Zutrauen in die unbegrenzten Fähigkeiten des Menschen, von dem in dem berühmten Chorlied in der sophokleischen „Antigone" die Rede ist (332ff.) – „Viel Ungeheures ist, doch nichts / So Ungeheures wie der Mensch ...". Christian Meier hat dieses Zutrauen plastisch als „Könnens-Bewußtsein" beschrieben.[43] Von einem solchen optimistischen, um nicht zu sagen übermütigen Könnens-Bewußtsein findet sich bei Sokrates keine Spur. Eher paßt ein anderes Chorlied aus der „Antigone" zu ihm: „Zeus, deine Macht - / Welche der Menschen Überschreitung / Kann sie beschränken? ... Nichts wandelt im Leben der Sterblichen / Sehr weit / Ohne Unheil!" (604ff.). Wir können Städte gründen, den Stürmen trotzen, die Pest bekämpfen und alle die anderen Dinge tun, von denen in dem ersten Chorlied die Rede ist, aber wie dies alles endet, liegt nicht, jedenfalls nicht allein, in unserer Hand. Das Ende „ist allen verborgen außer nur Gott" (apol. 42a). Im „Protagoras" greift Sokrates ein Lied des Simonides auf, in dem es um die Frage geht, ob man ein guter Mensch werden könne. Sokrates faßt die Meinung des Simonides zustimmend so zusammen: Es ist schwer, ein tugendhafter Mensch zu werden, aber doch immerhin möglich, wenn auch nur für eine Zeitlang; aber in dieser Verfassung zu bleiben und auf Dauer ein guter Mensch zu sein, das ist unmöglich und dem Menschen nicht angemessen, nur ein Gott hat Anspruch auf diese Ehre (Prot. 344b–c). Weil das so ist, weil wir so schwach und so anfällig sind und nicht wissen, was auf uns zukommt, dürfen wir unser Tun nicht nach taktischen oder strategischen Gesichtspunkten auszurichten, sondern müssen zusehen, daß unser Handeln *in sich* akzeptabel und gerechtfertigt ist. Der Zweck heiligt nicht die Mittel. Jeder von uns, auch der Politiker, muß stets darauf achten, ob das, was er tut, „recht getan ist oder unrecht, ob es eines rechtschaffenen Mannes Tat ist oder eines schlechten" (apol. 28b). Mit anderen Worten: Der Selbstbescheidung im Wissen muß eine Selbstbindung im Handeln folgen.

Frömmigkeit zeigt sich bei Sokrates drittens in dem, was Helmut Kuhn Sokrates' „Vertrauen zum Sein" nennt oder Ekkehard Martens als Sokrates' „Grundvertrauen ... in die Vernunft und das Gutsein des Ganzen" bezeichnet.[44] Was ist damit gemeint? Zu Illustration dürfen wir vielleicht noch einmal Xenophon heranziehen. Im vierten Buch der „Memorabilien" berichtet er über ein Gespräch, in dem Sokrates darlegt, „mit welcher Fürsorge die Götter alles eingerichtet haben, dessen die Menschen bedürfen": Sie haben uns das Licht und die Dunkelheit gebracht, die Nahrung und das Wasser, die Jahreszeiten und das Feuer. Sie haben uns das Denkvermögen gegeben, „auf Grund dessen wir unsere Wahrnehmungen zum Gegenstand des Denkens machen ... und auch vieles ersinnen, mit dessen Hilfe wir das Gute genießen und das Schlimme abwehren können". Nicht zuletzt haben sie uns die Sprache geschenkt, „mit der wir einander durch Unterweisung an allem Guten Anteil geben und gemeinsam daran teilnehmen und Gesetze beschließen und in staatlicher Gemeinschaft leben" (Xen.mem. 4,3,3–18). Auch wenn dieses Gespräch wohl kaum authentisch ist, frei erfunden scheint mir sein Inhalt kaum. Das Bemerkenswerte an Sokrates ist ja, daß er, der an allem zweifelt, im Gegensatz etwa zu dem Sophisten Gorgias niemals zu dem Schluß kommt, es gebe keine Wahrheit, es gebe nur Meinungen. Auch wenn wir die Wahrheit und das Gute niemals vollständig erkennen können, ist Sokrates durch alle Zweifel hindurch fest davon überzeugt, daß es die Wahrheit und das Gute gibt und daß wir dem Guten und dem Wahren näher kommen können (apol. 29b, 36c, 39d). Karl Jaspers charakterisiert diesen Grundzug treffend mit den Worten, die sokratische Frömmigkeit wurzele in dem Vertrauen, „daß dem unbeirrten Infragestellen das Wahre sich zeigen werde; daß im redlichen Bewußtsein des Nichtwissens nicht das Nichts, sondern das lebensentscheidende Wissen" sich kundtue. Auf diese Weise verbinde sich bei Sokrates „die Arbeit des Suchens ... mit dem Vertrauen des Findens".[45]

Sokrates kritisiert die Demokratie

Eine antike Überlieferung behauptet, die beiden Anklagepunkte – Verführung der Jugend und Leugnung der Götter – seien nur vorgeschoben gewesen. In Wahrheit habe man Sokrates seine Kontakte mit dem Verräter Alkibiades sowie mit den Anführern der Oligarchenpartei Charmides und Kritias vorgeworfen und ihn antidemokratischer Bestrebungen verdächtigt.[46] Nur weil auf Grund eines nach dem Sturz der Herrschaft der Dreißig erlassenen Amnestiegesetzes eine Anklage wegen Kollaboration mit den Feinden der attischen Demokratie nicht möglich gewesen sei, habe man diese Anklage fallengelassen und Sokrates der Asebie und der Korrumpierung der Jugend beschuldigt. In neuerer Zeit hat der amerikanische Autor I. F. Stone diese These aufgegriffen und Sokrates bezichtigt, mit den Feinden der Demokratie gemeine Sache gemacht zu haben.[47] War Sokrates, wie Stone versichert, ein verstockter Antidemokrat?

Tatsache ist, daß unter Sokrates' Anhängern viele die Demokratie abgelehnt haben. Verbürgt ist auch, daß die Antidemokraten Alkibiades, Charmides und Kritias vorübergehend die Nähe des Sokrates gesucht haben. Daß aber Sokrates deren antidemokratischen Ressentiments geteilt hätte, dafür gibt es nicht den geringsten Beleg. Von Platon und Xenophon wissen wir, daß er weder für die Oligarchie noch für die Tyrannis Sympathie aufgebracht hat; daß er sich von ihren Wortführern nicht den Mund verbieten ließ und daß er sich ihren willkürlichen Anordnungen widersetzte (apol. 32c–d; Xen.mem. 1,2,30–38). Diogenes Laertios sagt rundheraus: Sokrates „hielt sich zur Demokratie" (2,24).

Gewiß stand Sokrates der attischen Demokratie nicht kritiklos gegenüber. Er hat vieles an ihr mißbilligt, vor allem, daß über die Besetzung der Ämter das Los und nicht die Tüchtigkeit entschied und daß bei Abstimmungen in der Versammlung jede Stimme gleich viel zählte, unabhängig davon, ob derjenige, der sie abgab, kompetent war oder nicht. Nach seiner Meinung sollte bei Entscheidungen die Sachkenntnis den Ausschlag geben und nicht die Stimmenmehrheit (Krit. 47a; Lach. 184e; Xen.mem. 1,2,9, 3,1,4, 3,9,10). Daraus darf man jedoch nicht schließen, Sokrates habe die Demokratie prinzipiell abgelehnt. Wie Kurt von Fritz zu Recht bemerkt: „Seine Folgerung war nicht, daß man die Demokratie abschaffen und sie durch eine Regierung von Fachleuten ersetzen solle, sondern daß der einzelne ... sich zuerst die notwendigen Kenntnisse erwerben solle, bevor er in der Volksversammlung auftrete".[48] Selbst wenn Sokrates vielleicht „kein Freund der Demokratie" war,[49] ist er deshalb noch lange nicht ihr Gegner gewesen.[50] „Es ist nicht notwendig", schreibt Karl R. Popper, „daß ein Mann, der die Demokratie und die demokratischen Institutionen kritisiert, ihr Feind ist ... . Die Kritik des Sokrates war demokratisch; sie war sogar eine Kritik von jener Art, die notwendig ist für den Weiterbestand der Demokratie."[51]

Aus der Tatsache, daß Sokrates von den Politikern Sachverstand forderte, hat man gelegentlich geschlossen, seine politischen Vorstellungen liefen letzten Endes auf eine Expertokratie hinaus. Mich überzeugt diese Schlußfolgerung nicht. Hätte Sokrates Experten ausbilden wollen, hätte er zuallererst selbst ein Experte sein müssen. Aber das war er mitnichten. Experten sind sich ihrer Sache sicher, Sokrates weiß nur, daß er nichts weiß. Er mahnte die Bürger, die Tugend nicht zu vergessen, lehrte aber kein Expertenwissen. (Oder gibt es Fachleute für Gut und Böse?) Hätte er Experten in Regierungslehre ausbilden wollen, hätte es genügt, einen kleinen Kreis von Auserwählten heranzuziehen, die eines Tages die Führung in Athen hätten übernehmen können. Bekanntlich tat er das nicht. Er unterredete sich mit jedermann, gleichgültig ob jung oder alt, arm oder reich, gebildet oder ungebildet, Schuster oder Philosoph, Fachmann oder Laie (apol. 22a–b; Xen.mem. 1,2,37). Anders als es Experten gewöhnlich tun – und in gewisser Weise vielleicht auch Platon getan hat, wenn man die entsprechenden Aussagen im Siebten Brief, 341d und 344c, für glaubwürdig hält –, umgab er sein Wissen nicht mit der Aura eines *arcanum*, das zu entziffern nur wenigen vorbehalten ist. Weit davon entfernt, aus seiner Weisheit ein Geheimnis zu machen, wollte er sie mit vielen teilen; er war „lehrlustig" (*didaskalikos*) (Euthyph. 3c). Der Gedanke einer Herrschaft von Eingeweihten, seien es nun Philosophen oder Sachverständigen, lag ihm fern. Was er zu sagen hatte, sagte er öffentlich. Politik war für ihn eine Angelegenheit vieler, also eine Sache der Demokratie.

Der Historiker Claudius Aelianus berichtet die folgende Begebenheit. Sokrates will den Schuster Simon besuchen, Alkibiades begleitet ihn dabei. Als sie das Haus erreicht haben, zögert der vornehme Alkibiades. Sokrates fragt ihn: „Verachtest du diesen Schuhmacher hier?" Als Alkibiades dies bejahte, wies er ihn zurecht: „Das ganze Volk von Athen ist solch ein Vok. Wenn du diesen einen verachtest, dann verachtest du sie alle".[52] Die Anekdote mag eine Legende sein, schließlich lebte Aelianus rund sechs Jahrhunderte nach Sokrates. Keine Legende hingegen ist, daß Sokrates niemals die Frage nach einer anderen Verfassungsform aufgeworfen hat. Seine ganzes Denken und Tun bewegte sich innerhalb der Gesetze seiner Heimatstadt Athen, und Athen war – selbstverständlich im Rahmen der damaligen Vorstellungen und Möglichkeiten – nun einmal eine Demokratie. Nicht einmal in Gedanken hat er versucht, die athenischen Gesetze zu ändern. Auch die Tatsache, daß er in der Politik die „gemeinsame Beratung" für unentbehrlich hielt (siehe S. 53f.), spricht dafür, daß er, anders als Platon, eher der Demokratie als einer aufgeklärten Diktatur zugeneigt war.

Sokrates kehrt „das Unterste nach oben"

Wenn die drei Anklagepunkte – Sokrates verderbe die Jugend, leugne die Götter und verwerfe die Demokratie – aus heutiger Sicht einer Überprüfung nicht standhalten, aus welchem Grund wurde er dann verurteilt? Zwei Althistoriker, Moses I. Finley und Michael Stahl, liefern plausible Erklärungen.

Beide messen der Tatsache, daß Sokrates erst 399 v.Chr. angeklagt wurde, eine besondere Bedeutung zu. Sie schließen daraus: Nicht Sokrates' Lehre als solche, sondern erst eine bestimmte historische Konstellation habe dazu geführt, daß Sokrates der Prozeß gemacht wurde. Jahraus, jahrein habe – so Finley – Sokrates immer das gleiche gelehrt, nämlich daß „Sitten, Bräuche, Glaubensüberzeugungen und Mythen nicht länger automatisch und ungeprüft von einer Generation zur anderen weitergereicht werden, sondern (erst) in der Feuerprobe der Vernunft sich als echt erweisen sollten". Auch wenn diese Lehre von vielen mit Widerwillen und Argwohn betrachtet worden sei, habe man sie toleriert. Erst nach der verheerenden Niederlage Athens (404 v.Chr.) und dem Sturz der Gewaltherrschaft (403 v.Chr.), als man sich daran machte, die Demokratie wieder herzustellen, schlug die langgeübte Toleranz bei vielen in Intoleranz um. Warum? „Hinter Intoleranz", erklärt Finley, „steht immer Angst". In diesem Falle die Angst „vor dem Verlust einer Lebensweise, die im Laufe eines halben Jahrhunderts ausgebildet worden war, einer Lebensweise, die in materieller Hinsicht glücklich und blühend (nach antiken Vorstellungen) und zugleich psychologisch und kulturell befriedigend war". Die Befürchtung habe sich ausgebreitet, „daß der sittliche und religiöse Charakter der Gemeinschaft durch die Verführung der jungen Leute und insbesondere der jungen Mitglieder der gesellschaftlichen Elite untergraben würde".[53]

Für Michael Stahl ist der Prozeß gegen Sokrates „in der besonderen geschichtlichen Situation großer Unsicherheit und tiefer Depression geradezu ein Akt der Notwehr" gewesen und als solcher auch heute noch „verständlich und nachvollziehbar". Über Jahrzehnte hinweg habe die Bürgerschaft „das Treiben dieses kauzigen Sonderlings und unzeitgemäßen Außenseiters, der sich wie kein zweiter der Kommunikation mit seinen Mitbürgern verschrieb, nur um gleichzeitig die Tradition und das Selbstverständnis der Bürgergemeinde radikal in Frage zu stellen", auf sich beruhen lassen. „Erst nach 403 v.Chr., als man nach der tiefen Demütigung durch das Terrorregime der Dreißig Tyrannen wieder einen demokratischen Neuanfang versuchte, reagierte man auf alles, was diesen hätte gefährden können, viel aufmerksamer und besorgter als früher. Sokrates selbst aber machte keinerlei Anstalten, in irgendeiner Weise für jenen Zusammenhang einzustehen, der sich zwischen seiner Lehre und den Katastrophen, in die das Gemeinwesen geraten war, offenkundig herstellen ließ. Nun fanden sich, da er seine Lehrtätigkeit unbeeindruckt fortsetzte, Bürger, die dies nicht mehr länger hinzunehmen bereit waren. Nach den schlimmen Erfahrungen der zurückliegenden Jahre und dem Blutzoll, dem man im Kampf gegen die *tyrannis* noch bis 401 v.Chr. entrichtet hatte, waren die Befürchtungen zu stark, es könne sich um Sokrates erneut eine Gefolgschaft junger Männer scharen, die, der *polis* und ihrem Ethos entfremdet, für diese erneut eine Gefahr werden könnten."[54]

Folgt man dieser Argumentation, dann hat an der Wende vom fünften zum vierten Jahrhundert unter den Demokraten die Sorge bestanden, Sokrates sei direkt oder indirekt an der Zersetzung der hergebrachten Grundlagen des Gemeinwesens schuld; er übe einen unheilvollen Einfluß auf die Jugend aus und verhindere, „daß die Heranwachsenden sich zu guten Bürgern entwickelten".[55] So verständlich dieser Verdacht in der damaligen Situation auch gewesen sein mag – wir kommen um Unterscheidungen nicht herum. Was die gesetzlichen und institutionellen Grundlagen der athenischen *polis* betrifft, so hat Sokrates sie ganz gewiß niemals in Frage gestellt. Seine Pflichten als Bürger Athens hat er korrekt erfüllt. Er hat die Gesetze auch dann respektiert, als dies für ihn den sicheren Tod bedeutete. Er hat die Institutionen auch nicht im Geheimen bekämpft; er war kein Widerstandskämpfer. Völlig undenkbar, daß er sich an einem Ereignis wie dem der nächtlichen Zerstörung der sakralrechtlich geschützten Hermen im Jahre 415 v.Chr. (dem sogenannten Hermenfrevel) beteiligt hätte. Anders steht es mit den überlieferten Grundbegriffen der *polis* wie zum Beispiel der Frömmigkeit und der Gerechtigkeit: Sie hat er in der Tat nicht blind übernommen. Er hat nach ihren jeweiligen Begründungen gefragt und wenn ihm eine Begründung nicht ausreichend schien, hat er, wie es Platon im „Gorgias" beschreibt, „das Unterste nach oben" gekehrt – was seinen sophistischen Gegenspieler zu der Drohung veranlaßte: Weißt du nicht, Sokrates, daß Leute wie deinesgleichen, die das Unterste zu oberst kehren, Gefahr laufen, getötet zu werden? (Gorg. 511a). Man kann Sokrates vorwerfen, daß er die Wegweiser, an denen wir uns normalerweise orientieren, umgeworfen, aber keine neuen Wegweiser aufgestellt hat. Man muß aber gleich hinzufügen, daß er sie nicht mutwillig zerstört hat. Sie waren schon lange vorher fragwürdig geworden und durch bloße Restauration nicht zu retten. Bruno Snell hat recht, wenn er in seiner Studie „Mahnung zur Tugend" in Bezug auf Sokrates konstatiert: Eine Rückkehr zu den alten Werten, was wäre sie anders gewesen als eine „reaktionäre Romantik, die das Verlorene nicht verloren geben möchte"? Der Vorwurf gegen Sokrates, sein Weg der Reflexion schaffe nur Unsicherheit, klinge zwar plausibel, „aber seine Frage, was denn nun das ‚eigentlich' Moralische sei, läßt sich nicht rückgängig machen und verliert nicht ihre beunruhigende, ja, aufreizende Kraft dadurch, daß man das unreflektierte, instinktsichere Handeln preist."[56]

Worum ging es Sokrates bei der Destruktion der herkömmlichen Werte? Es ging ihm nicht darum, die Werte aufzuweichen, zu zersetzen und am Ende abzuschaffen, sondern darum, die falschen Vorstellungen und schlechten Begründungen, die wir häufig mit den Werten verbinden, zu beseitigen und nach Möglichkeit durch bessere Begründungen und bessere

Vorstellungen zu ersetzen. Er wollte erreichen, daß wir uns mit den konventionellen Bestimmungen nicht zufrieden geben, sondern nach verläßlicheren, hieb- und stichfesteren Definitionen suchen, auch auf die Gefahr hin, daß alle Definitionen immer nur vorläufige, keine endgültigen Definitionen sind und jede einmal gefundene Antwort neue Fragen aufwirft. Er wollte bewirken, daß wir nicht einfach das tun, was Tradition und Gesetz befehlen, sondern nur das, von dessen Rechtmäßigkeit wir und überzeugt haben.

Ein derartiges Vorhaben bleibt unproblematisch, solange es sich um bloße Denkspiele innerhalb des philosophischen Elfenbeinturmes handelt. Problematisch wird es, wenn diese Denkspiele auf die Politik übertragen werden. Die Frage ist durchaus berechtigt, ob und inwieweit sich ein Denken, das zu keinen festen Ergebnissen führt, das im Gegenteil alle festen Ergebnisse immer wieder aufs Spiel setzt, mit einem Gemeinwesen vereinbaren läßt, das von der Überzeugung lebt, „daß bestimmte Grundwerte, auf denen seine Institutionen gründen, als unzweifelhaft gültig hingenommen werden".[57] Erst recht problematisch wird es, wenn man nicht wie Sokrates bestrebt ist, die politischen, sittlichen und religiösen Grundwerte des Gemeinwesens besser zu begründen, sondern es darauf anlegt, sie zu untergraben und zu zerstören. Darauf hatten es offenbar Teile der athenischen Jugend abgesehen, darunter auch vorgebliche oder tatsächliche Schüler des Sokrates. Sie sind in der Tat zu einer Gefahr für die *polis* geworden. „Aus den Nichtergebnissen der sokratischen denkenden Untersuchung (haben sie) negative Ergebnisse" gemacht und daraus die Schlußfolgerung gezogen: „Wenn wir nicht definieren können, was Frömmigkeit (Gerechtigkeit, Gemeinwohl etc.) ist, dann seien wir doch unfromm (ungerecht, egoistisch) – (was) so ziemlich das Gegenteil von dem (ist), was Sokrates mit seinen Reden ... zu erreichen gehofft hatte".[58]

Glaubt man Platons Bericht, dann hat Sokrates jede Verbindung zwischen dem Verhalten der aufrührerischen Jugend und seinem Tun strikt von sich gewiesen (apol. 33b). Wenn das stimmt, dann stellt sich die Frage, ob er es sich damit nicht zu leicht gemacht hat. Wer wie Sokrates in der Öffentlichkeit fundamentale Gewißheiten des Gemeinwesens zur Diskussion stellt, kommt nicht darum herum, auf die Folgen seines Tuns zu achten. Gewiß ist niemand vor Mißverständnissen oder Mißbrauch gefeit. Aber nicht nur der Politiker, auch der politische Philosoph ist gehalten, sich mit denen, die sich zu Unrecht auf ihn berufen, auseinanderzusetzen und zu prüfen, ob er alles getan hat, um sein Tun vor Mißverständnissen und Mißbrauch zu schützen. Das ist der Preis, den man bereit sein muß zu zahlen, wenn man sich in die öffentlichen Auseinandersetzungen einläßt.

Sokrates provoziert das Gericht

Nach der in Athen gültigen Prozeßordnung hatte ein Angeklagter das Recht, sich zu verteidigen, dem Strafantrag seiner Ankläger einen eigenen Antrag entgegenzusetzen und nach der Verurteilung ein Schlußwort zu sprechen. Offensichtlich hat Sokrates von diesem Recht Gebrauch gemacht und während des Prozesses, der wie üblich innerhalb eines einzigen Tages abgeschlossen sein mußte, drei Reden gehalten. Nach Ansicht seiner Freunde hat er sich dabei äußerst unklug verhalten. Niemand, so meinten sie, hätte ihm einen Vorwurf gemacht, wenn er versucht hätte, das Volksgericht (*héliaia*), dem 501 ausgeloste Geschworene angehörten, zu hofieren und um Nachsicht zu bitten. Ein solches Verhalten war damals nicht ungewöhnlich (apol. 34c–35c, 38d–e). Selbst Perikles soll, als seine Geliebte Aspasia angeklagt war, nur dadurch einen Freispruch für sie erwirkt haben, daß er in der Verhandlung reichlich Tränen vergoß und die Richter um Gnade anflehte (Plutarch, Perikles 32). Hätte Sokrates sich ebenso verhalten, wäre er vermutlich mit einer milden Strafe davongekommen. Aber statt „sich durch Bitten loszueisen" (apol. 35c), provozierte er das Gericht und forderte sein Todesurteil geradezu heraus.

Gleich zu Beginn der Verhandlung erklärt er, seine Ankläger würden nichts als Lügen verbreiten und ihn verleumden (apol. 17a–b, 24a). Im Laufe der Verhandlung reizte er die Geschworenen mit Bemerkungen wie: Wenn ihr mich tötet, werdet ihr euch mehr schaden als mir (apol. 30c). Oder: Nicht um meiner selbst willen verteidige ich mich, sondern um euretwillen, damit ihr euch nicht gegen Gottes Geschenk versündigt, wenn ihr mich verurteilt (apol. 30d–e). Oder: Wenn ich euch unterliege, dann nicht, weil ich mich nicht zu rechtfertigen weiß, sondern weil mir die Frechheit und Schamlosigkeit fehlt, so zu reden, wie ihr es gerne gehabt hättet (apol. 38d). Er gibt ihnen zu verstehen: Wenn ich in dem Prozeß den Kürzeren ziehe, dann falle ich nicht meinen Anklägern, sondern dem Haß der Menge zum Opfer, der schon viele tüchtige Männer zu Fall gebracht hat und auch in Zukunft noch viele zu Fall bringen wird (apol. 28a). Unverblümt sagt er den Geschworenen ins Gesicht: Ihr haßt mich, nicht, weil ich die Jugend verführe oder die Götter leugne, sondern weil ich euch die Wahrheit über euren Lebenswandel sage und ihr nicht bereit seid, diese Wahrheit zu ertragen (apol. 39c–d). Als er für sich nicht nur einen Freispruch, sondern die höchste Ehrung, die einem Athener zuteil werden konnte, fordert, nämlich die Speisung im Prytaneion (apol. 36d), kam sich der Gerichtshof verhöhnt vor. Und um dem Ganzen noch die Krone aufzusetzen, bittet er die Richter voller Ironie, seine Söhne, wenn sie erwachsen sind, dazu anzuhalten, in seine Fußstapfen zu treten und seine Rolle als Stechfliege zu übernehmen (apol. 41e). Wenn man diese und ähnliche Sticheleien und Sottisen heute liest, gewinnt man den Eindruck, Sokrates habe nicht seine Unschuld beweisen, sondern die Richter vor den Kopf stoßen wollen.

Warum verhält er sich so? Warum versucht er nicht, die Richter freundlich zu stimmen oder ihr Mitleid zu erregen? Hat er seine Position überschätzt; die Gefahr, in der er sich befand, verkannt? Wohl kaum. Haben Arroganz und mangelnde Achtung vor den Geschworenen ihn diese selbstzerstörerische Verteidigungstaktik wählen lassen? Man könnte es vermuten. An Selbstbewußtsein hat es Sokrates sicher nicht gefehlt, und eine allzu hohe Meinung von seinen Richtern hat er bestimmt auch nicht gehabt. Sokrates selbst weist sie diese Vermutung allerdings zurück (apol. 34d, 37a). Was aber war dann der Grund? In einem Essay über den Tod des Sokrates schreibt der Schriftsteller Manès Sperber, Sokrates' Verteidigungsrede erinnere ihn an den Revolutionär Danton, „der seine Ankläger und ihre Hintermänner furios angriff, ehe er sich, plötzlich mutlos, unterbrach, um zu erklären: ‚Übrigens, was liegt mir an euch und eurem Urteil. Ich hab' es euch schon gesagt: ... das Leben ist mir zur Last, man mag es mir entreißen, ich sehne mich danach, es abzuschütteln'.".[59]

Hat Sokrates am Ende den Tod herbeigesehnt? Einige seiner Äußerungen in der „Apologie" und im „Kriton" sprechen dafür. Er empfindet sein Leben – er war damals siebzig Jahre – „schon weit fortgerückt ... und nahe am Tode" (apol. 38c). „Sterben und aller Mühen entledigt zu werden", erklärt er, wäre „schon das Beste für mich" (apol. 41d). Der Prozeß wird ein übriges getan haben, im das Leben zu verleiden. Zu Kriton bemerkt er: „Es wäre ja auch frevelhaft, mich in solchem Alter unwillig darüber zu gebärden, wenn ich endlich sterben muß" (Krit. 43b). So nachvollziehbar solche Stoßseufzer in seinem für damalige Verhältnisse hohen Alter auch sind: Lebensmüdigkeit allein erklärt nicht sein unbeugsames Verhalten vor Gericht. Dahinter stecken stichhaltigere Gründe.

Einmal verhält er sich um seiner selbst willen unbeugsam. Er verstellt sich nicht, bleibt vielmehr so, wie er immer war: Unangepaßt, störrisch, prinzipienfest: „ein Fremdling in der hier üblichen Art zu reden" und – so wird man hinzufügen dürfen – zu handeln (apol. 17d). Er will sich nicht nachsagen lassen: Seht her, Sokrates ist auch nicht anders als wir alle; kaum wird es ernst, vergißt er seine großen Sprüche und fängt an zu jammern und zu heucheln und um sein Leben zu flehen. Ein solches Verhalten sei seiner unwürdig (apol. 34c–35b, vgl. 38d). „Lieber will ich auf diese (nämlich meine) Art mich verteidigen und sterben als auf jene und leben" (apol. 38e, vgl. 30b-c). Wiederholt betont er, Überzeugungen, die etwas wert seien, müßten sich auch und gerade in bedrohlichen Situationen bewähren; weder vor Gericht noch im Krieg dürfe man nur danach trachten, unter allen Umständen dem Tod zu entkommen. Er geht sogar so weit zu sagen: Der Tod kümmere ihn nicht das mindeste; weit mehr ginge es ihm darum, nichts Ruchloses und Ungerechtes zu tun (apol. 32d). Zu seinen Grundsätzen gehören Überzeugungen wie diese: Nicht auf das Überleben, auf das rechtschaffene Leben komme es an (Krit. 48b); wenn das Leben mit Unrecht erkauft werde, lohne es sich nicht zu leben (Krit. 47e); in Schande zu leben sei schlimmer als sterben zu müssen (apol. 28d).

Aber nicht nur seinetwegen, auch Athens wegen unterwirft er sich nicht dem, was alle Welt von ihm erwartet und bittet um Mitleid, redet sich heraus oder widerruft, sondern hält es „für sich und euch und die ganze Stadt" (apol. 34e) für das Beste, bei der Wahrheit zu bleiben. Den Richtern um den Bart zu gehen bedeutet für ihn soviel wie, sie bestechen zu wollen, und eine solche Handlung laufe letztlich darauf hinaus, die Ordnung der Stadt zu untergraben. „Denn nicht dazu ist der Richter gesetzt, das Recht zu verschenken, sondern es zu beurteilen; und er hat geschworen, nicht sich gefällig zu erweisen, gegen wen es ihn beliebt, sondern Recht zu sprechen nach den Gesetzen. Also dürfen weder wir euch gewöhnen an den Meineid noch ihr euch gewöhnen lassen, sonst würden wir von keiner Seite fromm handeln. Mutet mir also nicht zu, ihr Athener, dergleichen etwas gegen euch zu tun, was ich weder für anständig halte noch für recht noch für fromm" (apol. 35c).

Sokrates' Hinweis, ein Meineid widerspreche dem Gebot der Frömmigkeit, macht deutlich, daß das Gebot, bei der Wahrheit zu bleiben und kein Unrecht zu fördern, für ihn auch ein religiöses Gebot war. Die Unwahrheit zu sagen, Unrecht zu tun oder seine Mitbürger zum Unrechttun zu überreden, heißt in seinen Augen soviel wie, sich und andere zur Gottlosigkeit zu verleiten. „Denn offenbar, wenn ich euch durch Bitten zu etwas überredete oder nötigte gegen euren Schwur, dann lehrte ich euch, nicht zu glauben, daß es Götter gebe, und ... klagte mich selbst an, daß ich an keine Götter glaube" (apol. 35d).

Der Glaube an die Götter ist es wohl auch gewesen, der Sokrates geholfen hat, sich standhaft vor Gericht zu verhalten. Wer weiß, wie es mit seiner Standhaftigkeit bestellt gewesen wäre, hätte er sich vor dem Tod gefürchtet. Er hat sich, wie wir wissen, jedoch nicht gefürchtet. Die Zuversicht, daß die Götter die Menschen nicht „vernachlässigen" und daß es für einen rechtschaffenen Mann kein Übel gibt, „weder im Leben noch im Tode" (apol. 41d), scheint ihm die Furcht vor dem Tode genommen und die Kraft gegeben zu haben, der Verurteilung zum

Tode mit großer Standhaftigkeit und Gelassenheit entgegenzusehen. (Siehe weiter unten S. 99ff.)

Sokrates weigert sich zu fliehen

Nach seiner Verurteilung wollten Sokrates' Freunde ihm zur Flucht aus dem Gefängnis verhelfen. Sie stellen Geld bereit, um die Wärter zu bestechen, machen Städte aus, in denen er vor Verfolgung sicher war, sorgen für Gastgeber, die bereit sind, ihn aufnehmen (Krit. 45b–c). Kriton, ein treuer Freund, redet auf ihn ein: Denk an deine Söhne, die dich als Erzieher brauchen. Denk an deine Freunde, die nie mehr jemanden wie dich finden werden. Denk an dich: Wenn du nicht fortgehst, werden deine Ankläger darin ein verspätetes Schuldeingeständnis sehen; obendrein wird alle Welt behaupten, wir hätten nicht genügend getan, um dich zu retten (Krit. 44c, 45c–46a).

Verständliche Argumente. Sokrates geht sie, entsprechend seinem Grundsatz, nichts ungeprüft zu lassen, einzeln durch. Hinsichtlich der Meinung der Leute rät er, nicht viel darauf zu geben; die Vernünftigeren unter ihnen würden die Wahrheit schon herausfinden, den Unvernünftigen sei ohnehin nicht zu helfen (Krit. 44c, 47a). Zu der Befürchtung, die Freunde gerieten in den Ruf, nichts für seine Rettung unternommen zu haben, wenn er sich weigere, sich helfen zu lassen, bemerkt er, wenn er ihr Angebot annähme, gerieten sie in eine weit größere Gefahr, nämlich in die, aus der Stadt vertrieben zu werden oder ihr Vermögen zu verlieren (Krit. 53b). Auf den Hinweis, er müsse seine Söhne aufziehen, gibt er zu bedenken, er könne diesen nicht zumuten, zusammen mit ihm zu flüchten und in der Fremde ohne Bürgerrechte aufzuwachsen (Krit. 54a). Auf die Aufforderung, in einer anderen Stadt Zuflucht zu suchen, antwortet er mit der Frage, wohin er denn gehen solle; mit seinen ständigen Vorhaltungen ecke er überall an und sei nirgends willkommen (Krit. 53b–c). Schon in seiner Verteidigungsrede hatte er die Athener gefragt: Wenn schon sie nicht imstande seien, seine Lebensweise und seine Reden auszuhalten, wie könnten sie dann erwarten, daß andere Städte ihn leichter ertrügen? „Ein schönes Leben wäre das, in einem solchem Alter auszuwandern und, immer umhergetrieben, eine Stadt mit der anderen zu vertauschen" (apol. 37d).

So plausibel Sokrates' Antworten sind, sie erklären nur zum Teil, weshalb er es ablehnt zu fliehen. Man kommt dem eigentlichen Grund seiner Ablehnung näher, wenn man sich noch einmal vergegenwärtigt, was für ihn Philosophieren bedeutet: Kein Beruf, den man im stillen Kämmerlein ausübt, sondern eine Tätigkeit, die inmitten der Menschen, im Alltag, zu jeder Zeit und in jeder Situation stattfindet, auf dem Markt, im Gymnasium, vor Gericht, ja selbst im Kerker. Philosophieren heißt für ihn, täglich mit seinen Mitmenschen über „das Wichtigste" zu diskutieren, soll heißen über das, auf das es im privaten wie im öffentlichen Leben ankommt (apol. 29e–30a). Ohne diese Gespräche ist für ihn das Leben nicht lebenswert (apol. 38a). Vor die Alternative gestellt: Entweder zu sterben oder auf das Miteinanderreden zu verzichten, antwortet er: „Solange ich noch atme und es vermag, werde ich nicht aufhören, zu philosophieren und euch zu ermahnen ..." (apol. 29d).

Sowenig er sich vorstellen kann, diese Tätigkeit aufzugeben, sowenig kann er sich ausmalen, ihr irgendwo anders als in Athen nachzugehen. Seine philosophische Existenz ist an seine Vaterstadt gebunden. *Ihr* und nicht der *polis* an sich gilt seine Sorge. Seine Fragen und Mahnungen richten sich nicht an die Menschen schlechthin, sondern an die attischen Bürger. „Ihr Athener" lautet eine häufig wiederkehrende Wendung in seinen Gesprächen (apol. 29b/d, 38c und öfter).

Sokrates' Liebe zu Athen hatte zum einen biographische Gründe. Wenn er seine Vaterstadt allen anderen Poleis vorzog (Krit. 52b–c, 53a), dann wohl kaum deshalb, weil er Athen für die einzig wahre *polis* hielt – er soll auch andere Städte gerühmt haben (Krit. 52e) –, sondern weil er in dieser Stadt zu dem wurde, der er war. Hier wurde er geboren, hier wuchs er auf, hier blieb er aus freier Entscheidung. Hier gründete er eine Familie. Hier erlangte er das Bürgerrecht. Und vor allem: Hier konnte er seiner philosophischen Tätigkeit nachgehen, hier konnte er, wie es mehrere Jahrzehnte getan hat, seine Mitbürger befragen, kritisieren und mahnen.

Darüber hinaus war die Bindung an Athen für ihn aber auch von grundsätzlicher Bedeutung. Sokrates ist nicht nur Philosoph, er ist auch Bürger, und das nicht nur *pro forma* und notgedrungen. Mit der gleichen Leidenschaft, mit der er seiner philosophischen Tätigkeit nachgeht, geht er auch seinen bürgerlichen Pflichten nach. Mehr noch: Zwischen den beiden Betätigungen besteht bei ihm eine enge Verbindung. Anders als für Platon und Aristoteles gehören philosophische Lebensform und bürgerliche Existenz für ihn noch unauflöslich zusammen. Sich gemeinsam mit seinen Mitbürgern über die wichtigsten Angelegenheiten zu beraten, entspricht nicht nur seinem Verständnis von Philosophie, sondern ist auch die ihm angemessene Art, seiner Bürgerpflicht nachzukommen und seiner Heimatstadt zu dienen (apol. 30e–31a). In einer anderen Stadt seinen philosophischen Auftrag zu erfüllen, ist für ihn ebenso undenkbar wie in einer anderen Stadt als „Metöke", das heißt als Fremder ohne bürgerliche Rechte und Pflichten zu leben. Die Frage des Aristoteles, welche Lebensform vorzuziehen sei, die theoretisch-philosophische oder die praktisch-politische (pol. 1324a15–17), stellt sich für ihn nicht. In seiner Person ist der *bios theóretikos* an den *bios politikos* gebunden, der *bios politikos* mit dem *bios theóretikos* verknüpft. „Sokrates ist der letzte Philosoph, der Philosoph und Bürger *in einem* sein will."[60] An diesem Vorsatz hält er auch angesichts der drohenden Hinrichtung fest. In der „Apologie" erklärt er seinen Richtern, er ziehe den Tod der Verbannung vor (apol. 37b–38a). Kriton gegenüber äußert er, besser als die Flucht dünke ihm der Tod (Krit. 52c).

Sokrates befolgt die Gesetze

Die Frage, weshalb Sokrates darauf verzichtet zu fliehen, ist damit aber noch nicht ausreichend beantwortet. Merkwürdigerweise lehnt er nicht nur aus pragmatischen, sondern auch aus rechtlichen Gründen jeden Gedanken an eine Flucht kategorisch ab. In seinen Augen wäre eine solche Flucht ein Verstoß gegen die Gesetze und damit rechtswidrig. Für uns ist das heute kaum zu verstehen, zumal Sokrates selbst keinen Zweifel daran läßt, daß ihm Unrecht geschehen ist (apol. 39b; Krit. 54c). Wieso sollte es aber unrecht sein, sich der Vollstreckung eines offensichtlichen Fehlurteils zu entziehen? Warum sollte man um der Gesetze willen gehalten sein, einen ungerechten Richtspruch hinzunehmen? Auch Sokrates' Freund Kriton tut sich schwer, das zu begreifen (Krit. 50a).

Wie begründet Sokrates seine Auffassung? Er unterscheidet zwischen den Gesetzen und ihrer Anwendung. An seiner Verurteilung gibt er nicht den Gesetzen, sondern den Richtern die Schuld (Krit. 54c). Auch wenn er das Urteil für ein Fehlurteil hält, leitet er daraus nicht das Recht ab, das Gesetz zu brechen. Zwar hält er es für bedenklich, daß ein Prozeß über Leben und Tod wie der seine nur *einen* Tag dauern dürfe, weil dadurch dem Angeklagten womöglich nicht genügend Zeit bleibe, die Geschworenen von seiner Unschuld zu überzeugen (apol. 37a–b); das heißt, er hält die Prozeßordnung für verbesserungswürdig, aber verbessert werden darf sie nur auf dem dafür vorgeschriebenen Weg, nämlich durch einen Beschluß der Volksversammlung. So sah es das damalige Recht vor und so sah es auch Sokrates.

Verstehen läßt sich dieser rigorose Standpunkt nur, wenn man sich die außerordentliche Bedeutung klarmacht, die dem Gesetz im griechischen Rechtssystem zukommt. Die Griechen, heißt es bei Herodot, „sind zwar frei, aber nicht in allem. Über ihnen steht nämlich das Gesetz als Herr ... . Sie handeln stets, wie ihnen das Gesetz befiehlt" (7,104). Voraussetzung war allerdings, daß das Gesetz weder verhängt noch erpreßt noch erschlichen, sondern ordnungsgemäß von einem Gesetzgeber (*nomothetés*) erlassen oder in korrekter Form von der Volksversammlung, das heißt von der Bürgerschaft beschlossen worden war. Der einzelne Bürger besaß das Recht, bei der Beratung der Gesetze Abänderungs- oder Zusatzanträge zu stellen. Gegen bereits beschlossene Gesetze konnte er Klage erheben, wenn er der Auffassung war, das Gesetz lasse sich mit der traditionellen Gesetzesordnung nicht vereinbaren. Wenn ihm die *polis* und die Gesetze prinzipiell nicht zusagten, konnte er mitsamt seiner Habe die Stadt verlassen, sich anderswo niederzulassen oder zusammen mit anderen eine „Pflanzstadt" (Kolonie) mit eigenen Gesetzen gründen (Krit. 51d–e). Wer jedoch weder auswanderte noch in der Volksversammlung die Bürgerschaft von besseren Gesetzen überzeugte (Krit. 51b, 52a), von dem wurde erwartet, daß er die bestehenden Gesetze akzeptierte und ihnen „im Kriege und vor Gericht und überall" Folge leistete (Krit. 51b). „Wer aber geblieben ist, nachdem er gesehen, wie wir die Rechtssachen schlichten und sonst die Stadt verwalten, von dem behaupten wir, daß er uns durch die Tat angelobt habe, was wir nur immer befehlen möchten, wolle er tun" (Krit. 51e). In diesem Sinne ist auch Sokrates' Bemerkung zu verstehen, die Athener seien „Sklaven" der Gesetze (Krit. 50e, 52d). Was in unseren Ohren befremdlich klingt: für die Griechen war es selbstverständlich. Da die Freiheit für sie in der Mitwirkung an der Gesetzgebung bestand, schlossen sich Unterwerfung und Freiheit nach ihrem Verständnis nicht aus. „Die Unterwerfung unter das von der Gesamtheit unter seiner eigenen Mitwirkung geschaffene Gesetz empfindet der Grieche nicht als Knechtschaft. Für ihn besteht gerade darin die Freiheit und der Vorzug gegenüber dem orientalischen Despotismus, daß er dem Gesetz gehorcht und nicht den Menschen."[61]

Behält man all dies im Auge, dann wird vielleicht etwas verständlicher, weshalb Sokrates, obwohl er sich zu Unrecht verurteilt fühlte, der Meinung war, er sei es den Gesetzen schuldig, das Angebot der Freunde, ihm zur Flucht zu verhelfen, abzulehnen. Faßt man seine entsprechenden Äußerungen in Platons „Kriton" zusammen (49e–53a), dann könnte er Kriton gegenüber seinen Beschluß etwa so begründet haben:

„Seit siebzig Jahren lebe ich nunmehr in Athen. Niemand hat mich gezwungen, hier zu bleiben. Ich hätte fortgehen können, wenn mir die Stadt und ihre Gesetze nicht gefallen hätten. Ich habe das nicht getan, im Gegenteil, ich habe der Stadt versprochen, gemäß ihren Gesetzen mein Leben als Bürger zu führen (Krit. 51c). Dabei habe ich in diesen Gesetzen nie nur ärgerliche Pflichten gesehen, die man wohl oder übel erfüllen muß. Manche von ihnen habe ich sogar als ausgemachtes Glück empfunden. Der Redefreiheit zum Beispiel verdanke ich, daß ich meinem Auftrag, mich täglich mit meinen Mitbürgern über die Tugend zu unterhalten, ungehindert nachkommen konnte. Obwohl ich damit sicher viele Athener aufs heftigste ergrimmt habe, hat man nie versucht, mir den Mund zu verbieten. Jetzt, nachdem man mich zum Tode verurteilt hat, sollte ich mich da über die gesetzliche Ordnung stellen und das Recht in die eigene Hand nehmen? Ein solches Verhalten würde, sollte es Schule machen und um sich greifen, unweigerlich unsere Ordnung zerrütten und die Stadt zugrunde richten. Wir können Gesetze doch nicht nur solange befolgen, solange sie uns angenehm sind, und ihnen den Gehorsam aufkündigen, sobald sie uns lästig fallen. Gesetze mögen unvollkommen und im Einzelfall sogar ungerecht sein, aber die Konsequenz kann nicht darin bestehen, daß wir sie ignorieren oder über Bord werfen, wenn wir glauben, ungerecht behandelt worden zu sein, sondern nur darin, daß wir sie auf gesetzlichen Wegen zu verbessern suchen. Die Tatsache, daß uns Unrecht geschehen ist, gibt uns nicht das Recht, uns über die Gesetze hinwegzusetzen und damit unsererseits Unrecht zu begehen. Sowenig Unrecht mit Unrecht vergolten werden darf, sowenig läßt sich Unrecht durch Unrecht aus der Welt schaffen. Unrecht mit Unrecht zu begegnen, schafft noch kein Recht" (Krit. 49b–d).

So oder so ähnlich wird Sokrates wohl argumentiert haben. Nun könnte man die Frage stellen, ob sich Sokrates nicht nach dem Vorbild der Antigone auf eine höhere Satzung, „die ungeschriebenen und wankenlosen Satzungen der Götter" (Sophokles, Antigone 454), hätte berufen und dadurch dem Vollzug des Urteils mit gutem Gewissen hätte entziehen können? Sokrates hat diese Möglichkeit offenbar nicht erwogen. Er hat wahrscheinlich die Auffassung vertreten: Sowenig der Einzelne das Recht hat, sein eigenes Urteil über die Gesetze der *polis* zu stellen, sowenig hat er das Recht, sich auf ein übergesetzliches, göttliches Recht zu berufen, um damit die staatlichen Gesetze außerkraft zu setzen. Beide Haltungen führen letzten Endes zur Anarchie. Das aber wäre ganz und gar nicht in seinem Sinne gewesen. Sokrates war überzeugt: Eine *polis* ist auf Gesetze angewiesen. Diese Gesetze mögen noch so unzulänglich sein, solange es nicht gelingt, sie auf dem dafür vorgesehenen Weg zu ändern, müssen wir sie hinnehmen. Die Unzulänglichkeiten durch einen revolutionären Akt aus der Welt zu schaffen – dieser Gedanke kam ihm wohl nie. So revolutionär er mitunter in seinem philosophischen Denken war: politisch war er ein Konservativer. Mit Bruno Snell wird man festhalten müssen: Sokrates „greift nicht reformatorisch oder gar revolutionär in die Politik ein. Die Forderungen des Staates erkennt er an ... und seinen Gesetzen gehorcht er ... . Radikalismus, das Bestehende zu entfernen, weil es schlecht sei, und zu glauben, daß das Bessere dann Raum gewinnen würde, liegt ihm fern".[62]

Sokrates rühmt die polis

Ganz verstehen wird man Sokrates' Einstellung gegenüber den Gesetzen aber erst, wenn man seine Auffassung über das Vaterland und die *polis* ins Auge faßt. Wie er darüber denkt, geht aus jener großen Rede hervor, mit der er sich in Platons „Kriton" von seinen Freunden verabschiedet, nachdem er die Nachricht erhalten hat, seine Hinrichtung stehe unmittelbar bevor (Krit. 50a–54d). Es ist eine überraschende Rede. Eigentlich sollte man erwarten, daß er in dieser Rede seiner Heimatstadt noch einmal gründlich die Leviten liest. Doch nichts von alldem. Im Gegenteil: Er preist das Vaterland und seine Gesetze in einer Weise, wie man sie aus seinem Munde zuvor noch nie gehört hat. Sie stünden „höher als Vater und Mutter und alle anderen Vorfahren" (51a). Sie seien unsere eigentlichen „Erzeuger" und „Erzieher" (51e, 54b). Sie hätten uns „zur Welt gebracht, auferzogen, unterrichtet und alles Gute, was nur in (ihrem) Vermögen stand, (uns) und jedem Bürger mitgeteilt" (51c–d). Mehr noch als unseren wirklichen Vätern und Müttern seien wir ihnen zu Gehorsam verpflichtet (50e, 52d). Wir schuldeten ihnen „fromme Scheu" (*sebesthai*); ihnen zuwiderzuhandeln sei „gottlos" (*ouch hosion*) (51b–c).

Sokrates selbst bezeichnet seine Rede als „von korybantischer Begeisterung erfüllt" (Krit. 54d). Das darf uns jedoch nicht dazu verleiten, sie als bloße Schwärmerei abzutun. Als was muß man sie aber dann verstehen? Kein Zweifel, was Sokrates hier über die Bedeutung der *polis* und der Gesetze äußert, geht weit über das hinaus, was andere sokratische Zeugnisse zu diesem Thema überliefern. Es stellt sich sogar die Frage, ob der Tenor dieser Rede nicht dem widerspricht, was er sein Leben lang von seinen Mitbürgern fordert, nämlich daß sie sich von der kritiklosen Gebundenheit an die *polis* befreien, auf ihre „innere Stimme" (das Daimonion) hören und anfangen, selber zu denken. Ist seine Haltung gegenüber der *polis* am Ende ambivalent? In der Tat, so scheint es. Sokrates distanziert sich von der *polis* und läßt zugleich doch keinen Zweifel, daß er sich ihr aufs engste verpflichtet fühlt. Er bricht mit der Vorstellung, der Einzelne sei ein bloßer Bestandteil des Ganzen, aber ebenso beharrt er darauf, daß es ein Dasein außerhalb des Staates nicht gibt. Zwischen diesen beiden Polen – der notwendigen Emanzipation des Individuums von der *polis* und der nicht minder notwendigen Einbindung in die *polis* – bewegt sich sein politisches Denken.

Wie lassen sich diese beiden Denkweisen vereinbaren? Sind sie überhaupt vereinbar? Für Werner Jaeger gehört Sokrates zwei verschiedenen Zeitaltern an: Einerseits wurzele er noch fest in der klassischen *polis* und deren Denken, andererseits sei er bereits ein Kind der nachklassisch-hellenistischen Epoche und trete für die Emanzipation des Individuums von eben dieser *polis* ein. Sokrates, schreibt er, „ist einer der letzten Bürger im Sinne des alten Griechentums. Er ist zugleich die Verkörperung und höchste Steigerung der neuen Form der sittlich-geistigen Individualität. Beides war in ihm vereinigt ohne Kompromiß. Mit dem ersten weist er zurück in eine große Vergangenheit, mit dem anderen in die Zukunft".[63] Bedeutet das, daß alles, was Sokrates in seiner Rede im „Kriton" an der *polis* und ihren Gesetzen als unseren „Erzeugern" und „Erziehern" rühmt, einem überholten Denken angehört und deshalb allenfalls noch historisch interessant ist? Das hieße, es sich zu einfach zu machen. Sokrates' Ansichten mögen uns fremd, altmodisch oder verstiegen anmuten, obsolet sind sie deshalb noch lange nicht. Versuchen wir, sein Lob der *polis* und der Gesetze zu verstehen.

Der Tradition folgend hält Sokrates *polis* und Gesetze für unauflösbar miteinander verbunden (Krit. 50a–b). „Wem würde eine Stadt wohl gefallen ohne die Gesetze" (Krit. 53a). Erst die Gesetze machen aus einer Ansammlung von Menschen eine *polis*. Sie regeln das Zusammenleben der Menschen. Sie legen die Rechte und Pflichten ihrer Mitglieder fest. Sie schreiben vor, wie Beschlüsse in gemeinsamen Angelegenheiten zustande kommen. Sie bestimmen, wie Rechtshändel geschlichtet werden. Sie schützen den Einzelnen vor Willkür und verhindern, daß das Recht des Stärkeren gilt. Umgekehrt sind die Gesetze auf die *polis* angewiesen: Diese sorgt dafür, daß die Gesetze eingehalten werden (Krit. 50c–51e; Xen. mem. 4,4,13–18).

Was meint Sokrates damit, wenn er sagt, die *polis* und die Gesetze stünden über Vater und Mutter, sie seien unsere eigentlichen „Erzeuger und Erzieher"? Ich nehme an dreierlei. Erstens: Die Eltern sind die Voraussetzung für die physische, die *polis* und die Gesetze die Voraussetzung für die politische Existenz des Individuums. Anders ausgedrückt: Der Vater zeugt den Sohn; die *polis* und ihre Gesetze zeugen den Bürger; sie verschaffen ihm Teilnahme am politischen Leben und geben ihm ein Mitspracherecht an der Gestaltung der Welt, in der er lebt.[64] Zweitens erziehen die *polis* und die Gesetze den Bürger. Freilich weniger direkt – etwa durch Einführung eines allgemeinen Schulsystems, wie es Platon später vorschlägt (leg. 766a) – als indirekt, indem sie darauf achten, daß die Eltern ihren Kindern eine gewisse Elementarerziehung (Lesen, Schreiben, Rechnen und Sport) zuteil werden lassen (Krit. 50d). Darüber hinaus geht von den Gesetzen selbst eine erzieherische Wirkung aus: Dadurch, daß sie verhindern, daß jeder macht, was er will, bringen sie das Leben des Einzelnen gleichsam in Form; sie prägen sein Verhalten und disziplinieren ihn. Im „Protagoras" heißt es dazu sinngemäß: Wenn die Jugendlichen die Schule verlassen, dann nötigt die Stadt sie, „die Gesetze zu lernen und nach diesen zu leben", damit sie nicht blindlings eigenem Gutdünken folgen. So wie ein Sprachlehrer Kindern, die schreiben lernen, die Buchstaben auf ihrer Tafel vorzeichnet, damit sie sie nachzeichnen können, so schreibt die Stadt den Heranwachsenden „die Gesetze vor und befiehlt ihnen, nach diesen zu regieren und sich regieren zu lassen". Wer hiervon abweicht, den bestraft sie (Prot. 326c–e). Drittens lassen die *polis* und die Gesetze den Bürger an dem *koinon*, dem „Gemeinsamen", und damit an mancherlei „Gutem" (*kalon*) partizipieren (Krit. 50a, 51d). Wer in einer *polis* – und nicht in der Isolation – aufwächst, wächst nicht nur in bestimmte Rechte und Pflichten, sondern auch in eine bestimmte „Kultur" hinein. Er teilt mit anderen die Sprache, den Kultus, die Sitten sowie den Mythos, die Erinnerungen, die Überlieferung. All dies lenkt sein Denken und sein Verhalten in bestimmte Bahnen, engt ihn damit, wenn man so will, ein, erweitert zugleich aber auch, jedenfalls wenn er Gebrauch davon zu machen versteht, seinen individuellen Horizont, läßt ihn teilhaben am Wissen und Können der Zeitgenossen wie an den Erfahrungen früherer Generationen, namentlich in einer Stadt wie Athen, „der größten und wegen ihrer Weisheit und Macht berühmtesten *polis*" (apol. 29d). Die Bedeutung dieser Teilhabe ist kaum zu überschätzen. Ohne sie „wären die Menschen wie Vögel, die alljährlich das gleiche Nest bauen: sie wären rein repetitiv".[65]

Handelt es sich hier um eine Idealisierung des Staates und seiner Gesetze? Über die Gewaltsamkeiten und Ungerechtigkeiten Athens und der athenischen Gesetze wird sich Sokrates keine Illusionen gemacht haben. Aber so drückend er die politischen Umstände auch empfunden haben mag, ohne *polis* und ohne *nomoi* – das war wohl sein feste Überzeugung – können wir nicht leben. Wir sind auf den Staat und die Gesetze angewiesen, und das nicht nur, was unser Überleben und unsere Sicherheit anbelangt. Staatliche und rechtliche Ordnung sind mehr als ein notwendiges Übel.

Eine hohe, sehr hohe Auffassung vom Staat und den Gesetzen, die Sokrates hier zu bedenken gibt. Eine Auffassung indessen, die innerhalb des antiken Denkens keine Ausnahme darstellt, sondern, zum Teil bis in einzelne Formulierungen hinein, in einer langen Tradition steht, die von Aischylos und Thukydides bis hin zu Cicero und Sallust reicht.[66]

Sokrates unterhält sich über das Leben nach dem Tode

Kommen wir noch einmal auf Platons „Apologie" zurück. Unmittelbar nachdem das Gericht das Todesurteil gefällt hatte, ergreift Sokrates zum drittenmal das Wort. Zunächst wendet er sich an die, die für seinen Tod gestimmt hatten. Er sagt ihnen voraus, daß Athen künftig der Ruf anhaften werde, den Sokrates hingerichtet zu haben, diesen weisen Mann. Denn natürlich würden die Spötter und Schmähredner behaupten, er sei ein Weiser, auch wenn er es gar nicht sei. Hätten sie, die Richter, nur eine kleine Weile gewartet, hätten sie der Stadt dieses Schicksal erspart und ihr Wunsch wäre von selbst in Erfüllung gegangen, denn sie sähen ja, wie fortgeschritten im Alter und wie nah dem Tode er sei (apol. 38c–d). Er erläutert ihnen noch einmal, warum er sie aus Gründen der Selbstachtung nicht um Gnade angefleht habe – und provoziert sie ein letztes Mal: Ihr irrt euch, wenn ihr glaubt, durch Hinrichtungen die Kritik an eurem Lebenswandel unterbinden zu können. Besser, als eure Kritiker mundtot zu machen, wäre es, ihr würdet euch bemühen, euer Leben zu ändern und so gut wie möglich zu werden (apol. 39d).

Dann wendet er sich denjenigen zu, die ihn haben freisprechen wollen. Ihnen nennt er den vermutlich ausschlaggebenden Grund, weshalb er nichts unternommen habe, das Todesurteil von sich abzuwenden. Während die Stimme seines Daimonion ihn früher immer gewarnt habe, wenn er im Begriff war, etwas Falsches zu tun, habe sie sich kurz vor und während des Prozesses kein einziges Mal gemeldet. Was immer er im Laufe der Verhandlung gedacht, gesagt oder getan habe – nie habe das Orakel ihm davon abgeraten. Er läßt keinen Zweifel daran, was dies für ihn bedeutet: Er sieht darin den Beweis, daß unmöglich diejenigen Recht haben könnten, die annähmen, der Tod sei etwas Schlechtes. Denn wäre der Tod ein Übel, dann hätte ihn sein Daimonion gewarnt, ihn mutwillig herbeizuführen (apol. 40a–c).

Sodann kommt er auf den Charakter des Todes zu sprechen. Laßt uns überlegen, redet er diejenigen an, die mit ihm im Gericht zurückgeblieben sind, wie begründet die Hoffnung ist, im Sterben läge etwas Gutes. Der Tod, sagt er, kann zweierlei bedeuten: Entweder ist er ein traumloser Schlaf oder er ist ein Umzug der Seele von hier nach dort. Ort. Ist er ein traumloser Schlaf, dann ist er ein Gewinn, weil er uns von all den Sorgen befreit, die uns auf Erden das Leben schwermachen (apol. 40c–e). Romano Guardini merkt zu dieser Stelle an: Man meint zu spüren, wie „in dem alten Manne, der sein Leben hindurch so unermüdlich gestritten hat, nun auf einmal die Müdigkeit durchbricht: wunderbar wäre es, von Grund auf schlafen zu dürfen".[67] Für diese Interpretation spricht vieles. In der gleichen Rede sagt Sokrates selbst: Zu sterben und aller Mühen entledigt zu werden, ist „das Beste für mich" (apol. 41d; kursiv A.M.). In der Aussage „für mich" liegt das Eingeständnis, daß Sokrates nur für sich und nicht für alle spricht. Die meisten Menschen dürften denn auch mit diesem Trost wenig anfangen können. Normalerweise hängen wir alle doch zu sehr am Leben, und zwar nicht nur an den sorglosen und glücklichen, sondern auch an den unglücklichen und mühseligen Momenten, als daß wir es gerne zugunsten eines empfindungslosen Nichtseins aufgeben würden.

Auch die zweite Auslegung des Todes – der Tod als eine „Übersiedlung" (*metoikésis*) der Seele an den Ort, an dem alle Verstorbenen weilen –, ist ganz auf Sokrates zugeschnitten. Man ist fast versucht zu sagen, es handele sich um einen „Privatmythos", den Sokrates da erzählt. Es ist jedenfalls nicht erkennbar, wie dieser Mythos Tagelöhnern, Schustern, Zimmerleuten oder Frauen Trost spenden soll. Denn wie stellt sich Sokrates das Leben an diesem Ort vor? Er erwartet, dort mit Palamedes und Aias und anderen zusammenzukommen, die gleich ihm ungerecht zum Tode verurteilt worden sind. Er baut darauf, es im Hades mit seinen wahren Richtern – Minos, Rhadamanthys, Aiakos und Triptolemos – zu tun zu haben und nicht, wie in Athen, mit solchen, die nur vorgeben, Richter zu sein. Das Wichtigste: Er ist überzeugt, nach dem Tode ungehindert, soll heißen: ohne Furcht vor Strafe das fortsetzen zu können, was er zeit seines Lebens gemacht hat, nämlich umherzugehen, die Leute zur Rede zu stellen und zu prüfen, wer von ihnen weise ist und wer nur glaubt, es zu sein. Er rechnet damit, sich mit weit bedeutenderen Menschen unterreden zu können als auf Erden. Er hofft, den Heroen der Vergangenheit zu begegnen, dem Orpheus, Museios, Hesiod und Homer, und freut sich darauf, mit den erfahrensten Männern und Frauen der Vorzeit, mit Agamemnon, Odysseus oder Sisyphos, ins Gespräch zu kommen. Sie und viele andere auszufragen und auszuforschen und von ihnen zu lernen, wäre für ihn „eine unbeschreibliche Glückseligkeit". Selbstbewußt sagt er zu seinen irdischen Richtern: Ich will gern oftmals sterben, wenn der Tod mir diese Aussicht verschafft (apol. 40c–41c).

Eine ungewöhnliche Vorstellung vom Jenseits, über die Sokrates hier berichtet.[68] Das Ungewöhnliche, Außerordentliche dieser Vorstellung besteht darin, daß der Tod keine ganz und gar andere Welt heraufführt. Sokrates schildert das Jenseits nicht als Ort der vom Körper befreiten Seelen, wie dies Platon später im „Phaidon" getan hat, sondern als Markt, auf dem er, nicht anders als in Athen, sich täglich mit den Leuten über die wichtigsten Dinge unterredet. Der Tod versetzt ihn nicht auf die Insel der Seligen, erlöst ihn nicht von der unaufhörlichen, nie zu Ende kommenden Erforschung der Wahrheit, bringt ihn nicht in den Besitz der vollständigen und definitiven Gewißheit. Auch im Tod hört für ihn die Frage „was ist Tugend?", „was ist Gerechtigkeit?", „was ist Frömmigkeit?" nicht auf, verschwindet nicht die Vielstimmigkeit der Meinungen, endet nicht die Diskussion. Der Tod bedeutet nicht das Ende der Philosophie, der er sich verpflichtet fühlt, sprich: der *Suche* nach Weisheit. Er bedeutet auch nicht das Ende der Politik, für die er einsteht, sprich: der Notwendigkeit, sich immer wieder mit anderen zusammenzusetzen und gemeinsam zu beratschlagen, was nützlich und schädlich, gut und schlecht, gerecht und ungerecht ist. Es gehört zum Wesen des Sokrates', daß er unentwegt nach Wahrheit und Tugend strebt, aber nie ganz ans Ziel gelangt. Vielleicht ist er deshalb auch so darauf aus, im Hades den Sisyphos zu treffen. „Ewig unterwegs und nie im Lernen ermüdend", so faßt Richard Harder die berühmte Definition des philosophischen Menschen aus dem Munde der Diotima im Symposion (204a–b) zusammen,[69] und dieses „Nie-ganz-ans-Ziel-Kommen" charakterisiert Sokrates auch im Jenseits. Sokrates schreckt dieser Zustand nicht, im Gegenteil: befreit von den Widersachern und Widerständen, die ihm auf Erden sein Leben schwer gemacht haben, erfährt er seine Tätigkeit nunmehr als vollkommenes Glück. In der sichtbaren *wie* in der unsichtbaren Welt mit anderen zusammenzukommen, sich mit ihnen zu beraten und sie zu befragen (*syneinai, dialegesthai, exetazein* - apol. 41c) –: „Was für ein größeres Gut könnte es wohl geben als dieses, ihr Richter?" (apol. 40e).

Die schlüssigste Interpretation dieser Erzählung vom Hades gibt meines Erachtens Romano Guardini. Sokrates Jenseitsvorstellung, schreibt er in seinem Buch „Der Tod des Sokrates", „stammt nicht aus der Tradition, sondern aus (seinem) innersten Wesens- und Sendungsbewußtsein. Was Sokrates auf Erden getan hat und weswegen er sterben muß, wird er dort in vollendeter und endgültiger Weise tun. Nicht im Sinne primitiver Vorstellungen, wonach das einstige Leben eine von allen Mängeln befreite Fortsetzung des jetzigen bildet, sondern in geistig gereinigter Weise: was auf Erden, vom Widerspruch der Umgebung überdeckt und vom Widerstand der Zeitlichkeit in Frage gestellt, im Wagnis persönlicher Entscheidung geschehen mußte, empfängt dort seinen endgültigen Sinn. Wenn nämlich Sokrates mit den Heroen der Vorzeit sprechen, nach ihrem Schicksal fragen und das seine mit dem ihrigen vergleichen darf, so bedeutet das für seine konkrete Existenz etwas Ähnliches, wie wenn ein Ding in das Licht seiner Idee tritt: sein irdisches Sein und Tun wird in die Norm endgültiger Wahrheit gehoben und vermag darin zu bestehen. Der Tod aber erscheint als

Durchgang dorthin und wird als solcher erkannt und angenommen".[70]

Sokrates beendet seine Erzählung vom Hades mit der Bemerkung: „Wenn das wahr ist, was gesagt wird" (apol. 41c). Daraus darf man jedoch nicht schließen, daß er seinen eigenen Worten selbst nicht recht traut. Er will nur darauf aufmerksam machen, daß die Wahrheit seiner Erzählung keine wissenschaftliche, sprich: objektive, unpersönliche Wahrheit ist, die unabhängig davon gilt, ob sich jemand zu ihr bekennt oder nicht: Sie ist eine philosophische, will sagen „gelebte" Wahrheit, der er beipflichtet und die er sich zu eigen macht. Folgt man dem „Phaidon", dann sieht er darin ein „schönes Wagnis": „Daß sich nun dies alles gerade so verhalte, wie ich es auseinandergesetzt habe, das ziemt sich wohl einem vernünftigen Mann nicht zu behaupten; daß es jedoch, sei es nun diese oder eine ähnliche Bewandtnis haben muß mit unsern Seelen und ihren Wohnungen ..., dies, dünkt mich, zieme sich gar wohl und lohne auch zu wagen, daß man glaube, es verhalte sich so. Denn es ist ein schönes Wagnis ..." (Phaid. 114d). Es liegt nahe, darin einen „Rückfall in mythisches Denken" zu sehen, soll heißen in ein Denken, welches man schon längst überholt glaubte. Aber über Dinge wie die „Wanderung der Seele von hier nach dort" kann man nun einmal nicht rational, sondern nur in Bildern und Geschichten, sprich in Mythen sprechen (Phaid. 61e). Bewußt verwendet Platon, wenn er von Mythen erzählt, auch nicht das übliche Wort *dialegesthai* = erzählen, sich unterhalten, sondern das weit seltenere Wort *diamythologein* (apol. 39e), um anzudeuten, daß der Gegenstand der Erzählung „den Bereich des exakt Beweisbaren des *logos* überschreitet und daher die Form des Mythos gewählt wird".[71]

Sokrates fürchtet sich nicht vor dem Tod

Von der Urteilsverkündung bis zu Sokrates' Tod sollten noch einige Wochen vergehen. „Er mußte nämlich noch dreißig Tage am Leben bleiben, weil das Delische Fest in jenen Monat fiel, das Gesetz aber keine öffentliche Vollstreckung der Todesstrafe gestattet, bis die Festgesandtschaft aus Delos zurückgekehrt war, und in dieser ganzen Zeit zeigte er sich seinen vertrauten Freunden (die ihn täglich besuchten, A.M.) in seiner Lebensweise in keiner Hinsicht anders, als er vordem gelebt hatte" (Xen.mem. 4,8,2).

Über die letzten Stunden des Sokrates unterrichtet uns Platons „Phaidon". Ich zitiere aus seinem Bericht in der Übersetzung von Romano Guardini: Als es ans Sterben ging, nahm er ein Bad, um den Frauen keine Mühe mit dem Waschen seines Leichnams zu machen. Dann sprach er mit seinen beiden kleinen Söhnen und den Frauen. Nachdem er ihnen seine Wünsche aufgetragen hatte, hieß er sie fortzugehen und bat seinen Freund Kriton, nach dem Gift zu schicken. Als dieser ihn darauf aufmerksam machte, die Sonne sei noch nicht untergegangen, er habe noch Zeit, meinte er, er mache sich vor sich selber lächerlich, wenn er so am Leben klebe und versuche, da Zeit zu gewinnen, wo nichts mehr zu gewinnen sei. Den Mann, der ihm den Giftbecher brachte, fragte er, was er tun müsse, wenn er den Becher ausgetrunken habe. Danach nahm er den Becher, „und zwar ganz heiter, ohne zu zittern noch die Farbe oder die Gesichtszüge zu verändern", bat die Götter, „daß die Wanderung von hier dorthin heilbringend vonstatten gehe ... und kaum hatte er das gesagt, setzte er an und trank sehr heiter und gelassen aus". Die Freunde, die ihre Tränen nicht mehr zurückhalten konnten, bat er, still zu sein, wie es sich bei einem Sterbenden gehöre. „Er ging umher, und als, wie er sagte, seine Schenkel schwer wurden, legte er sich auf den Rücken, denn so hatte der Mann ihn geheißen. Dieser, der ihm das Gift gegeben, befühlte ihn dann noch einige Zeit und untersuchte seine Füße und Schenkel. Darauf drückte er ihm heftig den Fuß und fragte, ob er es empfinde, (Sokrates) aber verneinte es; und danach die Unterschenkel, und so ging er immer höher hinauf und zeigte uns, wie er erkaltete und erstarrte. Und (dann) faßte er ihn (noch einmal) an und sagte, wenn es ihm bis ans Herz komme, werde er sterben. Schon war er um den Unterleib her fast kalt geworden, da enthüllte er sich noch einmal – denn er hatte sich verhüllt – und sagte, was seine letzten Worte sein sollten: Kriton, wir schulden dem Asklepios einen Hahn. Opfert ihn dem und versäumt es nicht! ‚Wahrlich, das soll geschehen', antwortete Kriton. ‚Aber sieh, ob du sonst noch etwas sagen willst?' Auf diese Frage antwortete er nichts mehr, sondern kurze Zeit darauf zuckte er, und der Mann deckte ihn auf: da waren seine Augen gebrochen. Als Kriton das sah, schloß er ihm den Mund und die Augen. Dies war das Ende unseres Freundes, – eines Mannes, von dem wir wohl sagen dürfen, daß er unter allen, die zu seiner Zeit lebten und die wir kennenlernten, der Beste und überhaupt der Einsichtsvollste und Gerechteste gewesen ist" (Phaid. 115a–118a).

Für Xenophon bestand „allgemeine Übereinstimmung, daß kein Mensch je unter allen denen, die in der Erinnerung leben, den Tod in würdigerer Art ertragen hat" (Xen.mem. 4,8,2). Was beeindruckt uns auch heute noch an Sokrates' Sterben? Am meisten, denke ich, die Gelassenheit[72], mit der er das Unabänderliche auf sich nimmt. Er jammert nicht. Er bäumt sich nicht auf. Er trotzt nicht seinem Schicksal. Er begeht keinen Selbstmord, um seine Willensfreiheit unter Beweis zu stellen, wie es später unter Stoikern in Mode kam. Im Unterschied zu den Stoikern ist ihm alles Bemühte, Pathetische, Heroische fremd. Zwar galt er wegen der Art seines Sterbens in der römischen Antike als Vorbild des stoischen Weisen,[73] aber zwischen der sokratischen und der stoischen Einstellung zum Tod gibt es merkliche Unterschiede. Montaigne, der in Sokrates den Mann sah, „der am würdigsten ist, der Welt als Vorbild bekannt gemacht zu werden" (Essais, 3,12), hat dies deutlich gesehen, etwa wenn er „die gelaßne und ruhige Art (des Sokrates), den Tod zu bedenken", mit Seneca vergleicht, der bei seinen Bemühungen, sich gegen den Tod zu wappnen, „auf seinem Hochseil vor Anstrengung ins Schwitzen und außer Atem" gerät (ebd.).[74].

Woher rührt Sokrates' Gelassenheit im Angesicht des Todes? Er fürchtet sich nicht vor dem Tod. Warum fürchtet er sich nicht davor? Montaigne meint, Sokrates habe sich vollkommen natürlich, das heißt so verhalten, wie es der Natur gemäß sei. Die Natur kenne zwar die Furcht vor dem Schmerz, nicht aber die Furcht vor dem Tod – „ist er doch ein nicht minder wesentlicher Teil unseres Seins als das Leben. Wozu hätte die Natur uns Haß und Abscheu gegen ihn einflößen sollen, da er für sie doch die höchst nützliche Rolle spielt, das Wechselspiel ihrer Werke in steter Folge fortzuführen und so in diesem universalen Gemeinwesen mehr dem Werden und Wachsen als dem Sterben und Verderben zu dienen?" (Essais, 3,12). Eine interessante, hinsichtlich des Sokrates aber ganz und gar abwegige Interpretation. Davon, daß er das Sterben dadurch bewältigte, daß er den Kreislauf der Natur, das ‚Stirb und Werde', akzeptierte, kann bei Sokrates wahrlich keine Rede sein. Deshalb noch einmal die Frage: Warum fürchtet Sokrates nicht den Tod?

Weil der Tod ein traumloser Schlaf, ein schmerzloses Hinübergleiten in ein Nichtmehrsein ist? Dies könnte man denken, schließlich hat er in der „Apologie" hierin ja eine der beiden Möglichkeiten gesehen, dem Sterben den Schrecken zu nehmen. Aber entsprach dies auch seiner eigenen Überzeugung? Hat er daran geglaubt? Ich denke nicht. Zu viele seiner Äußerungen sprechen dafür, daß er darauf vertraut hat, daß das Leben nicht in einem Nichts, einem Ausgelöschtsein endet. Zu vermuten ist, daß er an die Unsterblichkeit der Seele geglaubt hat. (Daß er hierüber auch eine ausformulierte Lehre vermittelt hätte, wie es Platon im „Phaidon" unterstellt, scheint mir allerdings zweifelhaft zu sein. Auch wenn sich die Grenze nicht lupenrein ziehen läßt, ist der Sokrates des „Phaidon" mit dem Sokrates der „Apologie" und des „Kriton" nicht identisch. Im „Phaidon", so scheint es, legt Platon endgültig dem Sokrates seine eigene Philosophie in den Mund. Der platonische Sokrates des „Phaidon" ist jedenfalls nicht mehr der Sokrates, den wir aus Platons Frühdialogen und aus den Schriften von Xenophon und Aristoteles kennen, auf deren Berichte sich die vorliegende Darstellung des politischen Sokrates stützt.)

Bei der Erörterung der Frage, worin die Eigenart der sokratischen Frömmigkeit bestehe (S. 67f.), haben wir festgestellt, daß Sokrates' Denken und Handeln von einem tiefen Vertrauen zum Sein durchdrungen ist. Dieses Vertrauen löst sich selbstverständlich nicht in Luft auf, wenn es ernst wird und ans Sterben geht, im Gegenteil, in dieser Situation zeigt sich erst, was das Vertrauen wert ist. Auf was vertraut Sokrates angesichts des Todes? Er vertraut darauf, daß das Leben nicht mit dem Tode endet. Einige werden vielleicht fragen: Widerspricht ein solches Vertrauen nicht seiner wiederholt bekräftigten Aussage, nicht zu wissen, was es mit dem Tod auf sich hat? Wie kann man auf etwas vertrauen, das man nicht kennt? Wer so argumentiert, verkennt den Sinn des Vertrauens. Vertrauen und Nichtwissen schließen einander nicht aus, sondern bedingen geradezu einander. Ich vertraue einem Freund, daß er mich nicht betrügen wird, obwohl ich sein Verhalten im voraus natürlich nicht kenne. Würde ich es kennen, bräuchte ich ihm streng genommen nicht zu vertrauen: ich wüßte ja, wie er sich verhalten wird. „Vertrauen ist nur dort möglich, wo ich mich auf etwas beziehe, das grundsätzlich nicht in meiner Macht steht. ... Vertrauen bedeutet immer, daß der Mensch sich auf etwas verläßt, für das er keine Sicherheit haben kann. Und wenn er dabei trotzdem seiner Sache gewiß ist, so beruht dies auf ... dem unbedingten Einsatz seines Glaubens."[75]

Nun muß das Vertrauen in die Unsterblichkeit der Seele nicht unbedingt bedeuten, daß wir den Tod nicht fürchten müssen. Die antiken Mythen sind voll abschreckender Beispiele, die zeigen, was uns im Jenseits alles Schlimmes drohen kann. Sokrates kannte diese Erzählungen ganz sicher. Worauf gründet seine Furchtlosigkeit vor dem Tod? Man scheut sich fast, es auszusprechen, weil es so simpel, so banal klingt, aber ich weiß keine andere Antwort: Es ist einmal das Bewußtsein, soweit es in seinen Kräften stand sich immer bemüht zu haben, nichts Unrechtes zu tun, und zweitens die Gewißheit, daß uns die Götter nicht im Stich lassen, daß sie uns auffangen, wenn wir unwissentlich und unwillentlich vom Weg abkommen: Die Götter vernachlässigen uns nicht (apol. 41d) – vorausgesetzt, wir vernachlässigen nicht die Götter. Dieses zweifach begründete Vertrauen erlaubt es Sokrates, nach der Verkündung des Todesurteils zu erklären: „Dieses nun mußte vielleicht so kommen, und ich glaube, daß es ganz gut so ist" (apol. 39b). Nachdem er die Bitte seiner Freunde abgelehnt hat, sich durch Flucht der Vollstreckung des Todesurteils zu entziehen, äußert er zu Kriton: „Wohl denn, so laßt uns auf diese Art handeln, da uns hierin der Gott leitet" (Krit. 54d). Und auf die Nachricht, daß er morgen sterben müsse, sagt er: „Wenn es den Göttern so genehm ist, sei es so" (Krit. 43d).

Sokrates vernachlässigt die konkrete Politik

Wir sind am Ende unserer Untersuchung über das politischen Denken des Sokrates angelangt. Bevor wir die Frage nach der Bedeutung dieses Denkens stellen, wollen wir einen kurzen Blick auf seine „Grenzen" werfen. Damit ist selbstverständlich kein Vorwurf verbunden. Jede originelle Philosophie ist einseitig, befaßt sich mit ausgewählten Aspekten und vernachlässigt andere; Sokrates bildet hierin keine Ausnahme. Sein Augenmerk gilt dem, was ihm besonders dringend schien und wofür er als Philosoph besonders kompetent war: der Erziehung zum Bürger. Seine Erörterungen, so könnte man sagen, betreffen den Vorhof, nicht das Zentrum der Politik. Ein Sokrates, der es im Rat und in der Versammlung unternähme, dieselben Unterredungen zu beginnen, die er auf dem Markt und in den Gymnasien führt, würde zuerst verlacht, dann des Ortes verwiesen. Nicht, daß er die Probleme der konkreten Politik – die Sachfragen, die institutionelle Themen oder die Frage der Macht – übersähe, nur hat er sie, soweit bekannt, nicht ausdrücklich behandelt. Der politische Theoretiker mag darüber hinwegsehen; der politische Praktiker indessen wird daran Anstoß nehmen. Er wird einwenden:

Natürlich hat Sokrates recht, wenn er betont, daß auch ein Politiker sich um Tugend – namentlich um Gerechtigkeit – bemühen muß. Aber in der Politik geht es nicht nur um „Moral", sondern immer auch und sogar in erster Linie um „Sachen". Ein Politiker kann sich nicht erlauben, das eine vom anderen getrennt anzupacken. Von einem Politiker wird erwartet, daß er die anstehenden Probleme auf eine Weise regelt, die dem jeweiligen Sachverhalt nicht nur moralisch, sondern auch sachlich gerecht wird. Mit moralischen Maximen allgemeiner Art ist ihm dabei nicht gedient. Politische Ethik hat nur dann eine Chance, von der politischen Praxis ernst genommen zu werden, wenn sie sich nicht in abstrakten Parolen erschöpft, sondern zum mindesten beispielhaft auf die konkreten Probleme einläßt, denen sich die Politiker gegenüber sehen. Die sokratischen Dialoge – jedenfalls soweit sie von Platon oder Xenophon überliefert sind – lassen den Politiker in dieser Hinsicht im Stich. Sie beantworten die Frage nach der Notwendigkeit und – ein Stück weit – auch nach dem Wesen der Gerechtigkeit; auf die Frage indessen, was in einer bestimmten politischen Situation, sei es in der Außen- oder in der Innenpolitik, im Krieg oder im Frieden, die Gerechtigkeit von der Politik fordern würde, geben sie keine Antwort.

Auf die Skepsis des Politikers dürfte ferner Sokrates' Überzeugung stoßen, das Wohl eines Gemeinwesens hänge hauptsächlich von der Tüchtigkeit seiner Bürger ab. So wichtig es zweifellos ist, die Bürger an die Verantwortung zu erinnern, die sie für ihren Staat tragen, die Frage ist doch: Was geschieht, wenn die Bürger die von ihnen erwarteten Einstellungen, Gesinnungen und Verhaltensweisen nicht aufbringen können oder nicht aufbringen wollen und die Mahnungen der Philosophen auf taube Ohren stoßen? Der erfahrene Politiker weiß: „Die menschliche Natur ist schwach und unberechenbar, sobald die Gesetze fehlen und die Institutionen versagen".[76] Sokrates respektiert zwar die Gesetze und die Institutionen, klammert sie aber aus seinem politischen Denken mehr oder weniger aus. Kein Staat kann jedoch allein auf die Tugend seiner Bürger bauen, kein Staat kommt ohne Gesetze und Institutionen aus, die zwar die Natur der Menschen nicht ändern, aber doch ihr Verhalten beeinflussen, sie in die eine oder in die andere Richtung drängen, ihre guten oder ihre schlechten Seiten unterdrücken oder verstärken. „Woher denn", fragt Cicero in „De re publica", „kommt frommer Sinn ...? Woher das Recht, ... das man das bürgerliche heißt? Woher Gerechtigkeit, Treue und Glauben, Billigkeit? Woher Ehrfurcht, Beherrschung, Meiden der Schändlichkeit, Streben nach Lob und Gesittung? Woher in Mühen und Gefahren Festigkeit?" Und er antwortet: Nicht von den Philosophen, sondern von denen, „die das, was sich in Lebensordnungen gebildet, teils durch Sitten bestärkt, teils durch Gesetze" – oder, wie es an anderer Stelle heißt: „durch Gesetze und Einrichtungen *(legibus atque institutis)*" – „unantastbar festgelegt haben" (rep. 1,2, 2,1). Eine politische Philosophie, heißt das, wird daher stets beide Seiten im Auge haben müssen: die Personen *wie* die Institutionen. Reiner Personalismus ist ebenso unmöglich wie reiner Institutionalismus. Ein Staat muß „wohlgeplant *und* wohlbemannt" sein.[77]

Schwerlich abfinden werden sich Politiker schließlich damit, daß Sokrates dem Phänomen der Macht sichtlich wenig Beachtung schenkt. Zwar werden sie einräumen, daß Sokrates zu Recht eine Herrschaftsform ablehnt, die sich allein auf die Macht stützt (Alk.I,134c; Xen.mem. 1,2,32), aber, so werden sie fragen, ist Politik ohne Macht überhaupt denkbar? Nach ihrer Erfahrung geht es im politischen Wettbewerb nicht nur darum, miteinander zu reden, miteinander zu streiten, miteinander zu verhandeln und miteinander sich zu verständigen, sondern auch darum, Macht zu erwerben und Macht zu behalten. Politische Auseinandersetzungen sind in der Regel mit Machtkämpfen verbunden, Sachfragen und Machtfragen in der Praxis kaum voneinander zu trennen. Ohne Macht „läuft in der Politik nichts". Und dies nicht nur deshalb, weil Politiker nun einmal so sind, wie sie sind, sondern weil Einfluß in der Politik Macht voraussetzt und politische Entscheidungen immer gegen widerstrebende Interessen und gegenteilige Meinungen durchgesetzt und verteidigt werden müssen. Mit anderen Worten: Miteinanderreden allein macht das Politische nicht aus, Macht und Herrschaft müssen stets mitgedacht werden. Für den Moralisten mag das ein anstößiges Faktum sein, wegdiskutieren läßt es sich nicht. Daß, nach Actons berühmtem Diktum, „power tends zu corrupt and absolute power corrupts absolutely", war, der Sache nach, selbstverständlich schon in der Antike bekannt. Bei Herodot zum Beispiel heißt es über den Alleinherrscher: „Selbstüberhebung überfällt ihn aus der Fülle von Macht und Reichtum, und Neid ist den Menschen von Anfang an schon angeboren. Mit diesen Eigenschaften besitzt er aber auch schon alle anderen Laster. Aus Selbstüberhebung und Neid begeht er viele Torheiten" (3,80,3–4). Im „Gorgias" läßt Platon den Sokrates sagen: Es ist schwer, im Besitz schrankenloser Freiheit zum Unrechttun gerecht zu leben. Deshalb befinden sich unter den Mächtigen immer besonders viele Schurken. Zwar gibt es Gegenbeispiele, aber wenige. „Die meisten unter den Mächtigen werden böse" (Gorg. 526a–b). Aber ist es wirklich nur die Macht, die korrumpiert? Von einem Politiker unserer Tage stammt der nachdenkliche Satz: Macht korrumpiert, Ohnmacht nicht minder.[78]

Sokrates fordert die Politik auch heute noch heraus

Hat Sokrates' Tod etwas bewirkt, hat er die Stadt wachgerüttelt, am Ende zum Umdenken gebracht? Davon ist nichts bekannt. Zwar berichtet Diogenes Laertios viele Jahrhunderte später, die Athener seien schon sehr bald reumütig geworden: „Sie schlossen die Ringschulen und die Gymnasien, bestraften einige durch Verbannung und verurteilten den Meletos (einen seiner Ankläger) zum Tode. Den Sokrates aber ehrten sie durch Errichtung einer ehernen Bildsäule" (2,43). Aber selbst wenn diese Legende wahr wäre, wird man darin wohl weniger den Beweis für eine Läuterung als für die Wankelmütigkeit der öffentlichen Meinung sehen müssen, unter der Sokrates schon zu Lebzeiten gelitten hat (Krit. 44d, 48c). Die Feststellung dürfte nicht übertrieben sein, daß Sokrates mit seinen Bemühungen, unter seinen Mitbürgern Nachdenklichkeit zu wecken, gescheitert ist. Er selbst wäre darüber kaum verwundert gewesen. Er wußte nur zu gut: Moralpredigten mögen ins Schwarze treffen, nützen tun sie nichts. Wie es bei Herodot heißt: „Dem, der die Wahrheit sagt, will keiner gehorchen" (9,16,5).

Wenn man Platon Glauben schenken darf, dann soll Sokrates gehofft haben, nach seinem Tod würden andere, jüngere seine Tätigkeit fortsetzen und den Athenern mit ihren Fragen auf den Leib rücken (apol. 39c–d). Wie immer es um diese Hoffnung bestellt gewesen sein mag, erfüllt hat sie sich jedenfalls nicht. „Es hat sich zwar eine gewaltige sokratische Literatur entfaltet", schreibt Kurt von Fritz, „aber die Bremsen, welche die Athener auf der Straße verfolgten, sind ausgeblieben. Auch Platon ist keine geworden. Er ist nicht auf die Straßen und auf den Markt oder in die Gymnasien gegangen, um sich mit jedermann zu unterhalten, sondern hat außerhalb der Stadt die Akademie gegründet, wo er mit auserwählten Schülern diskutiert hat und wohl auch eine Elite heranzuziehen bemüht war, die unter günstigen Umständen einmal in Athen eine führende politische Rolle spielen könnte, woraus jedoch auch nichts geworden ist."[79]

Angenommen, Sokrates käme neuerdings wieder, was würde geschehen? Jacob Burckhardt war überzeugt, *mutatis mutandis* würde das gleiche passieren wie seinerzeit in Athen. „Zunächst würden ihn alle Erwerbenden hassen ...; der Pöbel würde ihn genau so weit lieben, als er anständige Leute inkommodieren würde; die Mächtigen und Einflußreichen würden ihn belächeln; die Religiösen würden ihm eine tiefere Anschauung von Schuld und Läuterung entgegenhalten ... ."[80] Der Althistoriker Alexander Demandt meint, Sokrates würde zu allen Zeiten das gleiche Schicksal blühen: das des krassen Außenseiters. „Zwischen der Gesellschaft und dem Einzelnen gibt es allzeit ähnliche Spannungen: Wer nicht an unsere Götter glaubt, der ist ein Atheist; wer unsere Herrschaft unterhöhlt, der ist ein Anarchist; wer unseren Werten widerspricht, der ist ein Nihilist. Sokrates beschrieb seine Rolle als die einer Stechfliege ... . Stechfliegen schlägt man tot."[81]

Das heißt selbstverständlich nicht, daß Sokrates' Denken folgenlos geblieben wäre. Die Nachwelt hat nie aufgehört, sich mit Sokrates zu beschäftigen; viele Autoren und ganze Epochen – der Humanismus, die Aufklärung oder die Französische Revolution – sahen in ihm ein Vorbild.[82] Der Florentiner Marsilio Ficino rückte ihn in die Nähe von Jesus. Erasmus von Rotterdam bekannte: „Ich kann nicht umhin zu sagen: *Sancte Socrates, ora pro nobis*". Montaigne nennt Sokrates das „vollendete Beispiel aller großartigen Eigenschaften" (Essais, 3,12).[83] Voltaire schrieb ein Stück über Sokrates' Sterben, in dem er ihn als Märtyrer einer rationalen Religion darstellt.

Im neunzehnten Jahrhundert stellten Philosophen wie Hegel, Kierkegaard und Nietzsche die Frage nach dem geschichtlichen Rang des sokratischen Denkens.[84] Während Hegel in Sokrates' Schicksal „die Tragödie Athens" erkennt,[85] Kierkegaard Sokrates zum Vorläufer der modernen Existenzphilosophie stilisiert, sieht Nietzsche in Sokrates die „fragwürdigste Erscheinung des Alterthums", ein „Verfalls-Symptom" und „Werkzeug der griechischen Auflösung".[86] Einig sind sich die drei Philosophen, daß Sokrates einen Wendepunkt in der Geschichte der Philosophie verkörpert. Nach Hegel ist Sokrates der „Hauptwendepunkt des Geistes in sich selbst";[87] für Kierkegaard ist Sokrates „der geschichtliche Wendepunkt, an dem die Subjektivität zum ersten Mal in Erscheinung tritt";[88] für Nietzsche ist Sokrates ein „Wendepunkt und Wirbel der sogenannten Weltgeschichte".[89] Im Zusammenhang mit dem politischen Sokrates interessiert Hegels Deutung am meisten.

Hegel hat, wie mir scheint, ein gespaltenes Verhältnis zu Sokrates gehabt. Einerseits hält er ihn für „die interessanteste (Gestalt) in der Philosophie des Altertums", andererseits vermißt er an ihm, daß sich seine Philosophie zu keinem System verdichtet. Er bemängelt, daß Sokrates' „Leben und seine Philosophie aus einem Stücke" sind, daß sein Philosophieren „kein Zurückziehen aus dem Dasein und der Gegenwart in die freien, reinen Regionen des Gedankens" kennt und – horribile dictu – den „Zusammenhang mit dem gewöhnlichen Leben" niemals verleugnet. Sokrates' Gedanken über die Unsterblichkeit im „Phaidon" bezeichnet er abschätzig als „Populärphilosophie". Als er auf Ciceros Urteil zu sprechen kommt, Sokrates habe die Philosophie vom Himmel auf die Erde heruntergeholt, warnt er vor einer „Haus- und Küchenphilosophie": Eine Philosophie, die von dem handelt, „was man auf der Erde kennen kann, was im täglichen Leben selbst Wahrheit hat, ohne in der Tiefe des Himmels – oder vielmehr in der Tiefe des Bewußtseins – gewesen zu sein", sei nicht „die beste und wahrste Philosophie".[90]

Viele, vor allem Nicht-Philosophen, Laien, werden das anders sehen. Was sie an Sokrates anzieht und wofür sie den Umstand, daß er kein philosophisches System entworfen hat, gerne in Kauf nehmen, ist gerade das, was Hegel bemängelt: die Einheit von Philosophie und Leben. Sie schätzen an Sokrates, daß er sich nicht damit begnügt, Wahrheiten zu verkünden, sondern sie sich zu eigen macht, daß er Tapferkeit und Gerechtigkeit nicht nur als oberste Tugenden preist, sondern selbst tapfer und gerecht ist. Für sie ist Sokrates der Beweis, daß Philosophieren nicht nur eine Sache des Kopfes, sondern auch der Praxis ist, jedenfalls sein kann und auch sein sollte: Philosophie, so meinen sie, bezeugt sich im Alltag.

Was Hegels Diktum betrifft, Sokrates sei ein Popularphilosoph, so werden viele das zwar bejahen, aber darin nichts Negatives sehen.[91] Kein Geringerer als Jacob Burckhardt hat Sokrates in der „Griechischen Kulturgeschichte" als Popularphilosophen gefeiert: Sokrates „brachte die Weisheit, die bei ihm kein System, sondern eine Denkweise war, auf die Gasse; wir haben es bei ihm mit der größten Popularisierung des Denkens über Allgemeines zu tun, die je versucht worden ist".[92] Die Verteidiger der Popularphilosophie werden gegen Hegel einwenden, Philosophie sei eine zu ernste Angelegenheit, als daß man sie allein den Berufsphilosophen überlassen dürfte. Es gebe etwas in der Philosophie, das jeden angehe und von jedem auch verstanden werden sollte. Philosophen sollten aus der Philosophie kein Spezialgebiet machen, das *nur* Spezialisten zugänglich ist. Sie sollten sich nicht damit begnügen, ihre Texte nur für Philosophen zu verfassen – was nach einem Wort von Odo Marquard fast so absurd sei, wie wenn Sockenhersteller ihre Socken nur für Sockenhersteller produzierten.[93] Statt „schwer verständlich und voll von Tiefsinn"[94] zu schreiben, sollten sie sich bemühen, möglichst klar und einfach zu formulieren, damit der Laie merkt: Hier ist etwas, das auch für mich wichtig ist. Sokrates sei hierfür ein ausgezeichnetes Beispiel. Wie Montaigne lobend schreibt: Seine Worte gehen „im Gewand natürlicher Schlichtheit einher. ... So spricht ein Bauer, so spricht eine Frau aus dem Volk. Nie führt er andere (Worte) im Mund als Fuhrleute und Tischler, Schuhflicker und Maurer. Seine Erfahrungssätze und Gleichnisse gewinnt er dem alltäglichen Tun und Treiben der Menschen ab. Jeder versteht sie" (Essais, 3,12).

Dergleichen Aspekte interessieren Hegel nicht. Im Mittelpunkt seines Interesses steht die „Subjektivität". In Sokrates habe sich „die Subjektivität des Denkens" endgültig durchgesetzt; selbst „das Sittliche" sei bei ihm „auf die Subjektivität gestellt", "in das Subjekt, in das Gewissen gelegt". Was ist damit gemeint? Gemeint ist nicht, daß es einem jeden freistünde, zu denken und zu handeln wie es ihm beliebt. Gemeint ist vielmehr: Das Leben, auch das Zusammenleben, hat aufgehört, selbstverständlich zu sein. Wir können nicht länger ungeprüft übernehmen, was Religion, Tradition und Konvention vorgeben. Der unbefangene Glaube an die ewigen Gesetze der Götter ist dahin, die Überlieferung gilt nicht mehr unangefochten, die Sitten sind in Auflösung begriffen. Halten können wir uns nur noch an das, was von der Vernunft beglaubigt wird. Mit anderen Worten, wir müssen uns *im Denken orientieren* und gleichsam „durch uns selbst" zu dem gelangen, was wahr, gerecht und gut ist. „Was wahr ist, (soll) durch das Denken vermittelt sein."[95]

Der Vorgang, auf den Hegel hier anspielt, ist, grob gesagt, die Ablösung des mythischen durch das rationale Denken. Es ist dies ein langer Prozeß, der bereits mit Homer beginnt und an dessen Ende in den Augen Hegels Sokrates steht.[96] Mit ihm sei ein neues Zeitalter angebrochen oder, wie es auf gut hegel'sch heißt: „Der Weltgeist hat sich (in Sokrates) zu einem höheren Bewußtsein erhoben".[97] Neuere Autoren drücken das nüchterner aus. Nach Romano Guardini tritt mit Sokrates „dem Instinkt, der Autorität alten Herkommens, der Macht irrationaler religiöser Erfahrungen und der Weisheit mythischer Bilder, welche ihre sichernde und bindende Kraft verloren haben", ein neues Ethos gegenüber: das Ethos „der rationalen Kritik, der Gestaltung des Daseins aus Einsicht und verantwortlichem Handeln".[98] Für Otfried Höffe hat „die in Sokrates personifizierte Ablösung der überlieferten Moral die Tragweite einer kopernikanischen Wende: Aus einer dem Subjekt vorgeordneten Macht wird eine Macht des Subjekts selbst". Die „menschliche Praxis als ganze (wird) vor das Forum der Vernunft, vor das Forum der Verbindlichkeit, Rechtfertigung und Argumentation gezogen und erst damit voll ... verantwortlich".[99] Günter Figal formuliert kurz und bündig: „Sokrates stellt als erster das Verständnis der Welt radikal aufs Fragen und die gedankliche Rechenschaft".[100]

Der Vorgang hat zwei Seiten. Auf der einen Seite stellt er eine Befreiung dar und wird als solche auch erlebt. Auf der anderen Seite führt er neue Ängste herauf. Sokrates' aporetisches Denken erzeugt keine neuen Gewißheiten, denen wir uns blind anvertrauen könnten. Es führt zu keinen festen Ergebnissen, im Gegenteil: Es setzt alle festen Ergebnisse immer wieder aufs Spiel. An Bemühungen, diesen Unsicherheiten zu entgehen und zu einem geschlossenen Weltbild zurückzufinden, hat es bis heute denn auch nie gefehlt. Auf die Dauer läßt sich die Uhr aber nicht zurückdrehen. Alle Versuche, durch einen Sprung in einen alten Glauben oder in eine neue Ideologie wieder festen Boden unter die Füße zu bekommen, sind letztlich zum Scheitern verurteilt. Wir leben, auch und gerade *in politicis*, in einer Welt der Unvollkommenheit, der Ungewißheit, der Unbeständigkeit. Wir sind gezwungen, immer aufs neue zu fragen, was wahr, was gut, was gerecht ist, ohne darauf jemals eine endgültige Antwort zu erhalten. „Im bürgerlichen Staate gibt es keine wahre und keine falsche, keine richtige und keine fehlerhafte Politik, sondern nur eine gute oder eine schlechte. Entscheidungen pflegen aus legitimer Diskussion hervorzugehen und unterliegen der Kritik. Mängel sind der Behebung durch Reformen zugänglich. Nicht Wahrheit will die bürgerliche Regierung herbeiführen oder vollstrecken, sondern das Gute soll sie bewirken, das gemeine Beste. Ihre Macht ruht auf humanistischem Grunde auch insofern, als sie mit der menschlichen Unvollkommenheit rechnet. Denn die Vollkommenheit der richtigen Politik ist unmenschlich, die Unvollkommenheit aber ist menschlich." Mit diesen Sätzen schließt Dolf Sternberger seine Untersuchung über „Grund und Abgrund der Macht".[101] An Sokrates hat er dabei nicht gedacht. Aber besser als mit diesen Worten läßt sich die Konsequenz, die sich aus Sokrates' offenem Denken für die Politik ergibt, kaum zusammenzufassen.

Was können wir von Sokrates heute lernen? Jeder Leser wird etwas anderes nennen: Sokrates' Haltung angesichts des Todes, seine Frömmigkeit, seine Auffassung der Philosophie als Lebens- und nicht als Papierform, seine unbeirrbare Suche nach dem richtigen Leben, seine Unterscheidung zwischen menschlichem und göttlichen Wissen, die Radikalität seines Fragens, und so weiter. Den politisch Interessierten werden vor allem Sokrates' Streben nach Wahrheit, sein Gerechtigkeitssinn und seine Tapferkeit interessieren. Er wird sich mit den drei Überzeugungen beschäftigen, mit denen Sokrates die Politik noch heute provoziert: mit seiner Ansicht, daß auch die Politik auf Wahrheit angewiesen ist; seiner Auffassung, daß die Gerechtigkeit das letzte Ziel der Politik ist und daß es zur Gerechtigkeit gehört, Unrecht nicht mit Unrecht zu vergelten, und seiner Einsicht, daß man nicht nur über seine Überzeugungen diskutieren, sondern im Ernstfall auch für sie einstehen muß. Nicht zuletzt wird er sich die Frage stellen, ob den heutigen Politikern, die gern vollmundig behaupten, sie wüßten für alle Schwierigkeiten eine Lösung, nicht eine Portion sokratischen Nichtwissens gut täte.

Anmerkungen

Motti: Snell, *Die Entdeckung des Geistes*, S. 177; Chr. Meier, *Athen*, S. 671; Sperber, *Sokrates*, S. 214

1. Über den Philosophen als Außenseiter in der athenischen Gesellschaft siehe Peter Scholz, *Der Philosoph und die Politik*, S. 68–71.
2. Jaeger, *Paideia*, S. 641.
3. Chr. Meier, *Athen*, S. 34.
4. Sperber, *Sokrates*, S. 207.
5. Zum sokratischen Nichtwissen siehe Hinske, *Der Sinn des Sokratischen Nichtwissens*.
6. Arendt, *Vom Leben des Geistes I*, S. 173.
7. Hegel, *Vorlesungen über die Geschichte der Philosophie I*, S. 455.
8. Eine Ausnahme bildet die vorzügliche *Geschichte des politischen Denkens* von Ottmann.
9. Plutarch, *Moralische Schriften III*, S. 56.
10. Richard Harder, *Eigenart der Griechen*, S. 38.
11. Jaeger, *Paideia*, S. 388.
12. Beispiele für solche Schmeichelreden: Aristophanes, *Die Ritter*, 215ff; Euripides, *Orestes*, 884ff.
13. Arendt, *Denktagebuch I*, S. 587.
14. Vgl. Kuhn, *Sokrates*, S. 119–142; Böhme, *Der Typ Sokrates*, S. 47–57.
15. Hegel, *Grundlinien der Philosophie des Rechts*, S. 260.
16. Jaspers, *Sokrates*, S. 106.
17. Martens, *Die Sache des Sokrates*, S. 121f.
18. Zum „bessermachenden Sokrates" siehe Martens, *Die Sache des Sokrates*, S. 118–137.
19. Hersch, *Das philosophische Staunen*, S. 21.
20. Jaspers, *Wahrheit, Freiheit und Friede*, S. 25.
21. Über die zwei Hauptformen der sokratischen Philosophie, die Prüfung (Elenchos) und die Mahnung (Protreptikos), siehe Jaeger, *Paideia*, S. 601–603.
22. Paul Valéry begann 1934 eine Rede über die Tugend mit den Worten: „Tugend, meine Herren, das Wort Tugend ist tot, oder mindestens stirbt es aus". Unter dem Titel „Wohin verschwand die Tugend?" schrieb Dolf Sternberger über diese Rede in der Frankfurter Zeitung vom 27.11.1935 einen Aufsatz. Der Text ist wiederabgedruckt in: Sternberger, *Gut und Böse (Schriften IX)*, S. 27–34.

[23] Zur Tapferkeit bei Sokrates siehe Hinske, *Zur Interpretation des Platonischen Dialogs Laches*, S. 66f.
[24] Martens, *Die Sache des Sokrates*, S. 109.
[25] Siehe hierzu Spaemann, *Moralische Grundbegriffe*, S. 48–50.
[26] Über Wahrhaftigkeit siehe Bollnow, *Wesen und Wandel der Tugenden*, S. 135–154. Der Autor nimmt in seiner Untersuchung keinen Bezug auf Sokrates, kennzeichnet jedoch dessen Situation. „Die Wertung der Wahrhaftigkeit ist erst nach der Ausbildung einer ihrer selbst bewußten Subjektivität möglich. ... Erst wo es zur Spannung zwischen dem individuellen Bewußtsein und dem kollektiven Geist gekommen ist und wo der Einzelne diese Spannung auf sich nehmen muß, erst dort ergibt sich für ihn die Entscheidung zwischen Anpassung und Selbstbehauptung und damit zwischen Unwahrhaftigkeit und Wahrhaftigkeit" (S. 138).
[27] Arendt, *Wahrheit und Lüge in der Politik*, S. 44.
[28] Zu den Philosophen, die darauf bestehen, daß auch in der Politik die Wahrheit eine Rolle spielen muß, zählt in unserer Zeit Karl Jaspers. In seiner Rede anläßlich der Verleihung des Friedenspreises des Deutschen Buchhandels 1958: *Wahrheit, Freiheit und Friede*, heißt es auf S. 25: „Die Unwahrheit ist das eigentlich Böse, jeden Frieden Vernichtende: die Unwahrheit von der Verschleierung bis zur blinden Lässigkeit, von der Lüge bis zur inneren Verlogenheit, von der Gedankenlosigkeit bis zum doktrinären Wahrheitsfanatismus, von der Unwahrhaftigkeit des Einzelnen bis zur Unwahrhaftigkeit des öffentlichen Zustandes". Siehe dazu auch das Buch *Opfer der Macht. Müssen Politiker ehrlich sein?*, hrsg. von Kemper; instruktiv in unserem Zusammenhang darin der Beitrag von Chr. Meier, *Griechische und moderne Demokratie*, S. 42–57.
[29] Figal, *Sokrates*, S. 111.
[30] Ottmann, *Geschichte des politischen Denkens I/1*, S. 11.
[31] Jaspers, *Notizen zu Martin Heidegger*, S. 259, vgl. 112, 170, 195, 202.
[32] Arendt, Vita Activa, S. 178: „Wer jemand ist oder war, können wir nur erfahren, wenn wir die Geschichte hören, deren Held er selbst ist, also seine Biographie; was immer wir sonst von ihm wissen mögen und von den Werken, deren Verfasser er ist, kann uns höchstens darüber belehren, *was* er ist oder war. So kommt es, daß wir von der Person des Sokrates, der keine Zeile je geschrieben hat und über dessen Meinungen wir so viel schlechter unterrichtet sind als über die von Plato und Aristoteles, doch ein erheblich besseres Bild haben als von der (Person) der meisten Philosophen vor und nach ihm. Wir wissen, wer Sokrates war, in einem Sinne, in dem wir weder von Plato noch von Aristoteles wissen, wer sie waren, weil wir die Geschichte des Sokrates kennen".

[33] Meier, *Athen*, S. 605.
[34] Ebd, S. 604.
[35] Wie eine eristische „Untersuchung" verläuft, dafür ist die in Xenophons „Memorabilien" (1,2,41–46) wiedergegebene fingierte Unterredung zwischen Alkibiades und seinen Oheim Perikles ein Musterbeispiel.
[36] Taureck, *Die Sophisten zur Einführung*, S. 122.
[37] Pieper, *Mißbrauch der Sprache – Mißbrauch der Macht*, S. 17, 23.
[38] Ehrenberg, *Der Staat der Griechen I*, S. 11–14, 55–58.
[39] Vernant, *Zwischen Mythos und Politik*, S. 276.
[40] Dodds, *Die Religion des gewöhnlichen Menschen im klassischen Griechenland*, in: ders., *Der Fortschrittsglaube in der Antike*, S. 170.
[41] Ottmann, *Geschichte des politischen Denkens 1/1*, S. 241 und 244.
[42] Gadamer spricht von *Sokrates' Frömmigkeit des Nichtwissens*, in: *Gesammelte Werke VII*, S. 83–117. Über menschliches und göttliches Wissen siehe das gleichnamige Kapitel bei Snell, *Die Entdeckung des Geistes*, S. 127–138.
[43] Chr. Meier, *Die Entstehung des Politischen bei den Griechen*, S. 457ff.
[44] Kuhn, *Sokrates*, S. 103; Martens, *Die Sache des Sokrates*, S. 156.
[45] Jaspers, *Sokrates*, S. 108f.
[46] Eine solche Anschuldigung hatte der athenische Redner Polykrates in einer fingierten Anklageschrift gegen Sokrates erhoben. Ein halbes Jahrhundert nach Sokrates Hinrichtung behauptete der Rhetor Aischines: „Ihr Athener habt Sokrates hingerichtet, weil er offensichtlich der Lehrer des Kritias war, einer der Dreißig (Tyrannen), die die Demokratie zerstört haben". (Zit: in: Stahl, *Sokrates*, S. 240.)
[47] I.F. Stone, *Der Prozeß gegen Sokrates*. Zur Kritik an Stone: Böhme, *Der Typ Sokrates*, S. 205–209.
[48] K. v. Fritz, *Platon in Sizilien und das Problem der Philosophenherrschaft*, S. 13.
[49] Figal, *Sokrates*, S. 106
[50] Anderer Meinung: Ottmann, *Geschichte des politischen Denkens 1/2*, S. 227.
[51] Popper, *Die offene Gesellschaft und ihre Feinde I*, S. 225f.
[52] Zit. in: Martin, *Sokrates*, S. 89.
[53] Finley, *Sokrates und die Folgen*, in: ders., *Antike und moderne Demokratie*, S. 76–106, hier: S. 97, 103f.
[54] Stahl, *Gesellschaft und Staat bei den Griechen: Klassische Zeit*, S. 117.
[55] Ebd. S. 116.
[56] Snell, *Die Entdeckung des Geistes*, S. 125, 152; vgl. 170–177.

57 Patzer, *Sokrates als Philosoph*, in: ders. (Hrsg.), *Der historische Sokrates*, S. 451. Zum Problem der unaufhebbaren Spannung zwischen Philosophie und Politik siehe H. Meier, *Warum politische Philosophie?*, S. 21–23.
58 Arendt, *Vom Leben des Geistes I*, S. 175.
59 Sperber, *Sokrates*, S. 209. Das Danton-Zitat stammt aus dem gleichnamigen Drama von Büchner, III,4.
60 Ottmann, *Geschichte des politischen Denkens I/1*, S. 237.
61 Harder, *Eigenart der Griechen*, S. 160.
62 Snell, *Die Entdeckung des Geistes*, S. 175.
63 Jaeger, *Paideia*, S. 644. Ähnlich Ottmann, *Geschichte des politischen Denkens I/1*, S. 235.
64 Vgl. Arendt, *Was ist Politik?*, S. 111–114.
65 Jeanne Hersch, in: Dufour, *Schwierige Freiheit. Gespräche mit Jeanne Hersch*, S. 92.
66 Beispiele bei Harder, *Kleine Schriften*, S. 240–247.
67 Guardini, *Der Tod des Sokrates*, S. 73.
68 Arendt weist in ihrem Buch *Über die Revolution* (S. 168f.) auf die womöglich einzige geschichtlich bezogene Parallele zu dieser Jenseitsvorstellung hin. In dem Briefwechsel zwischen Jefferson und John Adams unterhalten sich Jefferson und Adams am Ende ihres Lebens halb ernst-, halb scherzhaft über das Leben nach dem Tode. In einem Brief ruft Jefferson seinem Kollegen zu: „Mögen wir uns dort (d.h. im Jenseits) wiedersehen, in einem Kongreß, mit unseren Kollegen aus dem Altertum, und lassen sie uns hoffen, daß sie uns das Siegel anerkennender Zustimmung nicht versagen werden".
69 Harder, *Eigenart der Griechen*, S. 189.
70 Guardini, *Der Tod des Sokrates*, S. 76f.
71 Franz Josef Weber in seinem textkritischen Apparat und Kommentar zu Platons „Apologie", Paderborn 1971, S. 139. Ich verdanke diesen Hinweis meinem Trierer Kollegen, dem Gräzisten Professor Dr. Georg Wöhrle.
72 Zur Tugend der Gelassenheit: Bollnow, *Wesen und Wandel der Tugenden*, S. 115–121, und Spaemann, *Moralische Grundbegriffe*, S. 98–109.
73 So Martens, *Die Sache des Sokrates*, S. 138.
74 Siehe hierzu Friedrich, *Montaigne*, S. 71–75, 340–342.
75 Bollnow, *Wesen und Wandel der Tugenden*, S. 178f.
76 Monnet, *Erinnerungen eines Europäers*, S. 387.
77 Popper, *Die offene Gesellschaft und ihre Feinde I*, S. 151.
78 Die Bemerkung lautet wörtlich: „Es mag ja sein, daß Macht den Charakter verderben kann – aber Ohnmacht meinem Eindruck nach nicht

minder". Sie stammt aus der Rede Willy Brandts beim Ausscheiden aus dem Parteivorsitz 1987; zit. in: taz vom 22.8.2002, S. 5.
[79] K. v. Fritz, *Platon in Sizilien*, S. 45f.
[80] Burckhardt, *Griechische Kulturgeschichte III*, S. 353f.
[81] Demandt, *Sokrates vor dem Volksgericht von Athen 399 v.Chr.*, in: ders. (Hrsg.), *Macht und Recht. Große Prozesse in der Geschichte*, S. 26.
[82] Böhm, *Sokrates im achtzehnten Jahrhundert*.
[83] Friedrich, *Montaigne*, S. 71: „Es besteht eine tieferliegende Verwandtschaft zwischen ihm (Montaigne) und dem Athener. ... Ja man hat oft, wenn er ihn schildert, den Eindruck, als schildere er sich selbst".
[84] Dazu Böhme, *Der Typ Sokrates*, S. 168–182; Martin, *Sokrates*, S. 138–145; Taylor, *Sokrates*, S. 110–126.
[85] Hegel, *Vorlesungen über die Geschichte der Philosophie I*, S. 447.
[86] Nietzsche, *Kritische Studienausgabe I*, S. 98, 90, *VI*, S. 68.
[87] Hegel, *Vorlesungen über die Geschichte der Philosophie I*, S. 447.
[88] Kierkegaard, *Über den Begriff der Ironie*, S. 269.
[89] Nietzsche, *Kritische Studienausgabe I*, S. 100.
[90] Hegel, *Vorlesungen über die Geschichte der Philosophie I*, S. 441, 455, 511, 446.
[91] Burckhardt, *Griechische Kulturgeschichte III*, S. 349. Zur Popularphilosophie: Böhr, *Philosophie für die Welt*.
[92] Burckhardt, *Griechische Kulturgeschichte III*, S. 349.
[93] Marquard, *Philosophie des Stattdessen*, S. 134.
[94] Weischedel, *Die philosophische Hintertreppe*, S. 211.
[95] Hegel, *Vorlesungen über die Geschichte der Philosophie I*, S. 441–496; hier: S. 441, 490, 485, 443.
[96] Statt vieler: Nestle, *Vom Mythos zum Logos. Die Selbstentfaltung des griechischen Denkens von Homer bis auf die Sophistik und Sokrates*; Snell, *Die Entdeckung des Geistes*; Fränkel, *Dichtung und Philosophie des frühen Griechentums*; Vernant, *Die Entstehung des griechischen Denkens*.
[97] Hegel, *Vorlesungen über die Geschichte der Philosophie I*, S. 441, 514.
[98] Guardini, *Der Tod des Sokrates*, S. 38f.
[99] Höffe, *Medizin ohne Ethik?*, S. 40 und 101.
[100] Figal, *Sokrates*, S. 11.
[101] Sternberger, *Grund und Abgrund der Macht (Schriften VII)*, S. 384.

Literatur

Antike Quellen

Aristophanes, *Komödien*, übers. von Ludwig Seeger, dtv/Artemis München 1990

Cicero, *Gespräche in Tusculum*, lat.-deutsch, hrsg. von Olof Gigon, 6. Aufl. München/Zürich 1992

Cicero, *Der Staat*, lat.-deutsch, hrsg. und übers. von Karl Büchner, 5. Aufl. München/Zürich 1993

Hermann Diels/Walther Kranz, *Die Fragmente der Vorsokratiker*, Neudruck Hildesheim 1987ff.

Diogenes Laertius, *Leben und Meinungen berühmter Philosophen*, übers. von Otto Apelt, 3. Aufl. Hamburg 1990

Herodot, *Historien*, hrsg. von Josef Feix, Sammlung Tusculum Darmstadt 1995

Platon, *Werke in acht Bänden, griechisch und deutsch*, übers. von Friedrich Schleiermacher, hrsg. von Gunther Eigler, Darmstadt 1990. (An einigen wenigen Stellen mit kleinen Veränderungen zitiert.)

Plutarch, *Große Griechen und Römer I*, übers. von Konrad Ziegler, dtv München 1979f.

Plutarch, *Moralische Schriften III*, übers. von Otto Apelt, Leipzig 1927

Sophokles, *Antigone*, hrsg. und übertr. von Wolfgang Schadewaldt, Frankfurt a.M./Leipzig 1974

Thukydides, *Geschichte des Peloponnesischen Krieges*, griech.-deutsch, übers. von Georg Peter Landmann, Darmstadt 1993

Xenophon, *Erinnerungen an Sokrates (Memorabilien)*, griech.-deutsch, hrsg. von Peter Jaerisch, 4. Aufl. München/Zürich 1987

Griechische Begriffe werden in lateinischer Umschrift (dabei Eta mit é, Omega mit ó) wiedergegeben.

Moderne Literatur

Arendt, Hannah, *Vita Activa*, Stuttgart 1960
Arendt, Hannah, *Denktagebuch*, hrsg. von Ursula Ludz und Ingeborg Nordmann, München/Zürich 2002
Arendt, Hannah, *Über die Revolution*, München 1963
Arendt, Hannah, *Vom Leben des Geistes I: Das Denken*, München/Zürich 1979
Arendt, Hannah, *Wahrheit und Lüge in der Politik. Zwei Essays*, München 1972
Arendt, Hannah, *Was ist Politik?*, München/Zürich 1993
Benardete, Seth, *Sokrates und Platon. Die Dialektik des Eros*, München 1999
Bleicken, Jochen, *Die athenische Demokratie*, 2. Aufl. Paderborn/München/Wien/Zürich 1988
Böckenförde, Ernst-Wolfgang, *Geschichte der Rechts- und Staatsphilosophie*, Tübingen 2002
Böhm, Benno, *Sokrates im 18. Jahrhundert*, Neumünster 1966
Böhme, Gernot, *Der Typ Sokrates*, Frankfurt a.M. 1988
Böhr, Christoph, *Philosophie für die Welt. Die Popularphilosophie der deutschen Spätaufklärung im Zeitalter Kants*, Stuttgart/Bad Cannstadt 2003
Bollnow, Otto Friedrich, *Wesen und Wandel der Tugenden*, Frankfurt 1958
Burckhardt, Jacob, *Griechische Kulturgeschichte*, Nachdr. dtv München 1977
Dahlheim, Werner, *Die Antike*, 4. Aufl. Paderborn 1995
Demandt, Alexander (Hrsg.), *Macht und Recht. Große Prozesse in der Geschichte*, München 1990
Dodds, Eric Robertson, *Der Fortschrittsgedanke in der Antike*, Zürich/München 1977

Döring, Klaus, *Sokrates*, in: Hellmut Flashar (Hrsg.), *Die Philosophie der Antike II/1*, Basel 1998

Dufour, Gabrielle und Alfred, *Schwierige Freiheit. Gespräche mit Jeanne Hersch*, Zürich/Köln 1986

Ehrenberg, Victor, *Der Staat der Griechen I*, Darmstadt 1960

Fetscher, Iring/Münkler,Herfried, *Pipers Handbuch der politischen Ideen I*, München/Zürich 1988

Figal, Günter, *Sokrates*, München 1995

Finley, Moses I., *Antike und moderne Demokratie*, Stuttgart 1988

Fischer, Wolfgang, *Sokrates pädagogisch*, Würzburg 2004

Fränkel, Hermann, *Dichtung und Philosophie des frühen Griechenland*, New York 1951

Friedrich, Hugo, *Montaigne*, Bern 1949

Fritz, Kurt von, *Platon in Sizilien und das Problem der Philosophenherrschaft*, Berlin 1968

Gadamer, Georg, *Gesammelte Werke VII*, Tübingen 1991

Gehrke, Hans-Joachim, *Kleine Geschichte der Antike*, München 1999

Geyer, Carl-Friedrich, *Philosophie der Antike*, 4. Aufl. Darmstadt 1996

Gigon, Olof, *Sokrates. Sein Bild in Dichtung und Geschichte*, Bern 1947

Guardini, Romano, *Der Tod des Sokrates*, Neuausg. Reinbek bei Hamburg 1969

Hadot, Pierre, *Wege zur Weisheit oder Was lehrt uns die antike Philosophie?*, Frankfurt 1999

Harder, Richard, *Kleine* Schriften, hrsg. von Walter Marg, München 1960

Harder, Richard, *Eigenart der Griechen/Einführung in die griechische Kultur*, Herder-Taschenbuch Freiburg/Basel/Wien 1962

Hegel, G.W.F., *Grundlienien der Philosophie des Rechts*, in: *Werke*, neu ed. von Eva Moldenhauer und Karl Markus Michel, Bd. 7, Frankfurt a.M. 1986

Hegel, G.W.F., *Vorlesungen über die Geschichte der Philosophie I*, in: *Werke* (wie oben) Bd. 18, 4. Aufl. Frankfurt a.M. 1999

Hersch, Jeanne, *Das philosophische Staunen*, 5. Aufl. München/Zürich 1992

Hinske, Norbert, *Der Sinn des Sokratischen Nichtwissens*, in: Gymnasium 109, 2003

Hinske, Norbert, *Zur Interpretation des Platonischen Dialogs Laches*, in: Kant-Studien Bd. 59, 1968

Höffe, Otfried, *Medizin ohne Ethik*, Frankfurt a.M. 2002

Jaeger, Werner, *Paideia*, 2. ungekürzter Nachdruck in einem Band, Berlin/New York 1989

Jaspers, Karl, *Sokrates*, in: ders., *Die großen Philosophen I*, Neuausg. 6. Aufl. München/Zürich 1991

Jaspers, Karl, *Notizen zu Martin Heidegger*, hrsg. von Hans Saner, München/Zürich 1978

Jaspers, Karl, *Wahrheit, Freiheit und Friede*, München 1958

Kemper, Peter (Hrsg.), *Opfer der Macht. Müssen Politiker ehrlich sein?*, Frankfurt a.M. 1994

Kessler, Herbert (Hrsg.), *Sokrates-Studien I–II*, Heitersheim 1993, 1995

Kierkegaard, *Über den Begriff der Ironie. Mit ständiger Rücksicht auf Sokrates*, in: Gesammelte Werke, 2. Aufl. Düsseldorf 1991

Kraut, Richard, *Socrates and the State*, Princeton New Yersey 1985

Kuhn, Helmut, *Sokrates*, München 1959

Maier, Heinrich, *Sokrates*, 2. Nachdr. der Ausg. von 1913, Aalen 1985

Martens, Ekkehard, *Die Sache des Sokrates*, Stuttgart 1992

Marquard, Odo, *Philosophie des Stattdessen*, Stuttgart 2000

Martin, Gottfried, *Sokrates*, 18. Aufl. Reinbek bei Hamburg 1994

Meier, Christian, *Athen. Ein Neubeginn der Weltgeschichte*, Berlin 1993

Meier, Christian, *Die Entstehung des Politischen bei den Griechen*, stw Frankfurt a.M. 1983

Meier, Heinrich, *Warum politische Philosophie*, Stuttgart/Wiemar 2000

Monnet, Jean, *Erinnerungen eines Europäers*, dtv München 1980

Montaigne, Michel de, *Essais*, übers. von Hans Stilett, Frankfurt 1998

Nestle, Wilhelm, *Vom Mythos zum Logos. Die Selbstentfaltung des griechischen Denkens von Homer bis auf die Sophistik und Sokrates*, Stuttgart 1940

Niehues-Pröbsting, Heinrich, *Die antike Philosophie. Schrift, Schule, Lebensform*, Frankfurt a.M. 2004

Nietzsche, Friedrich, *Kritische Studienausgabe in 15 Bänden*, hrsg. von Giorgio Colli und Mazzino Montinari, dtv/de Gruyter Neuausg. München 1999

Ottmann, Henning, *Geschichte des politischen Denkens I/1–2*, Stuttgart/Weimar 2001

Patzer, Andreas (Hrsg.), *Der historische Sokrates*, Darmstadt 1987

Pieper, Josef, *Mißbrauch der Sprache – Mißbrauch der Macht*, Zürich 1970

Popper, Karl R., *Die offene Gesellschaft und ihre Feinde I: Der Zauber Platons*, 7. Aufl. Tübingen 1992

Rosen, Klaus, *Griechische Geschichte erzählt*, Darmstadt 2000

Scholz, Peter, *Der Philosoph und die Politik. Die Ausbildung der philosophischen Lebensform und die Entwicklung des Verhältnisses von Philosophie und Politik im 4. und 3. Jh. v.Chr.*, Stuttgart 1998

Snell, Bruno, *Die Entdeckung des Geistes*, 4. Aufl. Göttingen 1975

Spaemann, Moralische Grundbegriffe, 4. Aufl. München 1991

Sperber, Manès, *Sokrates*, in: *Letzte Tage. Sterbegeschichten aus zwei Jahrtausenden*, hrsg. von Hans Jürgen Schulz, dtv München 1988

Stahl, Michael, *Sokrates*, in: *Große Gestalten der griechischen Antike. 58 historische Portraits*, hrsg. von Kai Brodersen, München 1999

Stahl, Michael, *Gesellschaft und Staat bei den Griechen: Klassische Zeit*, Paderborn 2003

Sternberger, Dolf, *Gut und Böse. Moralische Essays aus drei Zeiten* (Schriften IX), Frankfurt a.M. 1988:

Sternberger, Dolf, *Grund und Abgrund der Macht* (Schriften VII), Frankfurt 1986

Stone, I. F., *Der Prozeß gegen Sokrates*, Wien 1990

Taylor, Christopher C., *Sokrates*, Freiburg/Basel/Wien o.J.

Taureck, Bernhard H. F., *Die Sophisten*, Hamburg 1995

Vernant, Jean-Pierre, *Die Entstehung des griechischen Denkens*, Frankfurt a.M. 1982

Vernant, Jean-Pierre, *Zwischen Mythos und Politik*, Berlin 1997

Vlastos, Gregory, Socrates. Ironist and Moral Philosopher, Cambridge/New York 1991

Weischedel, Wilhelm, Die philosophische Hintertreppe, Neuausg. dtv München 1975

Welwei, Karl-Wilhelm, *Das klassische Athen*, Darmstadt 1999

Wieland, Wolfgang, Platon und die Formen des Wissens, Göttingen 1982

Wilder, Thornton, Die Ideen des März, Frankfurt a.M. 1949